飽食と崩食の社会学

豊かな社会に迫る農と食の危機

橋本直樹 著

筑波書房

飽食と崩食の社会学

豊かな社会に迫る農と食の危機

橋本直樹 著

筑波書房

目次

序論　豊かな食生活を持続するために …… 1

第1章　豊かで便利な食生活が実現した …… 7

1　食料を大増産して深刻な食料難を解消した …… 7

2　国民の栄養状態が改善された …… 14

3　家庭の食事が洋風化した …… 18

4　家庭の食事作りが便利になった …… 21

5　外食をすることが増えてきた …… 26

第2章　国内の農業が大きく衰退した …… 31

1　食料自給率が40%に低下してしまった …… 31

2　なぜ日本の農業はここまで衰退したのか …… 39

3　国内の農業を活性化させる消費者運動 …… 45

第3章　グローバル化した食料経済システムの限界……55
1　グローバル化したアグリビジネスの成立……55
2　大規模な食品加工産業と小売り産業の出現……60
3　日本でも食料需給システムが膨張し過ぎている……63
4　巨大化した食料需給システムが発生させた社会問題……67

第4章　食生活に無駄が多くなった……73
1　食料の4分の1が無駄に捨てられている……73
2　豊かな食生活は化石エネルギーを浪費している……78
3　食生活における省エネルギーと省資源運動……85

第5章　安心して食べものが選べない……93
1　安心して食べ物が選べなくなった……93
2　農薬と食品添加物の安全性を守る制度が整備された……101
3　これまでに経験したことがない食品危害が現れた……107
4　食べものの安全性はどのくらい向上したのか……115

第6章　肥満と生活習慣病が蔓延している……119
1　食べ過ぎて肥満者が激増している……119
2　なぜ肥満者が増えたのか……121
3　肥満になると生活習慣病を誘発する……126
4　健康食品に頼って健康を維持することはできない……131
第7章　家庭で調理をすることが少なくなった……139
1　外食店や持ち帰り弁当、総菜を利用することが多い……139
2　家庭で調理をすることが少なくなった社会背景……142
3　食卓に家族が集まらない家庭は崩壊する……147
第8章　現代家族とその食事風景……157
1　「家族と食事」はどのような関係にあるのか……157
2　昭和の家族とその食事作りは大きく変わった……159
3　食卓の団欒はいつごろから始まったのか……162
4　家族が個人化して個食、子食が増える……166
5　平成家族とその食事作り風景……169

第9章　地球規模の食料不足が起きる …… 175
1　地球が養える人口はどれくらいか …… 175
2　食料の生産に危機的な限界が迫ってきた …… 181
3　日本では食料危機に対する警戒意識が少ない …… 188
4　開発途上国で飢餓がなくならないのはなぜか …… 190

第10章　豊かで便利な食生活を持続するために …… 197
1　豊かで便利な食生活に何が起きたのか …… 197
2　膨張した食料需給システムを維持するために …… 202
3　食生活の意識改革が求められている …… 207
4　今後必要になる食の倫理とは何か …… 210
5　豊かで便利な食生活を持続させるために …… 214

あとがき　食に関する意識改革が求められる …… 217

参考にした資料 …… 220

序論　豊かな食生活を持続するために

昨年で平成の時代が終わった。第二次大戦後の昭和、平成と続いた74年間は日本の社会がかつてなかった規模で大きく変化した時代であったが、それと共に私たち日本人の食生活もこれまでになかった大きな変貌を遂げた。来るべきポスト現代、令和の時代には再び大きな社会変動が起きると予想されているが、その時、私たちはどのような食生活をすることになるのであろうか。

そのことを考えるためには、まず戦後の昭和、平成の時代がどのような社会であったかを省みてみることが必要である。幸い、日本人は元号が改まるごとに歴史を区切って考える習慣がある。明治以降は天皇一代一元号と定められているので、明治は西欧の文明を取り入れて近代国家を建設した時代であり、大正は西欧の資本主義経済が定着して近代社会が成立した時代であり、戦前の昭和は日中戦争、大東亜戦争と続いた軍国主義の時代であったとみなすのである。

第二次大戦後の昭和の時代は、あたり一面の焼け野原となった日本が経済復興して世界第二のＧＤ

Pを誇る経済大国となるまでに高度経済成長した生産の時代であった。欧米に負けない豊かな民主社会を建設するという共通の目標を掲げて国家も民衆も共に努力、邁進した集団主義の時代でもあった。しかし、戦後日本の繁栄をもたらした高度経済成長が昭和48年と54年に起きた二度の石油ショックと60年のプラザ合意による円高政策によって勢いを失い、行き場を失った投資マネーがバブル経済を引き起こして破綻することによって昭和という成長と繁栄の時代は終わった。

日本の元号の変わり目が世界史の大転換と符合するなどということはめったに生じるものではないが、平成の幕開けは第二次大戦後から続いていた東西冷戦の終結と重なっている。そして、新自由主義のグローバルな市場経済が一挙に押し寄せてきたのである。しかし、日本では戦後の目覚ましい社会発展を牽引してきた経済成長が停滞し、不安定になり始めた。社会の成長を示す実質GDPの伸びは、高度経済成長の時代には年率11%であったが、平成に入ると1%弱に低迷するようになった。高度に成熟した資本主義社会の抱える矛盾と限界が日本でも顕在化してきたのである。そして、社会の高齢化と少子化が急速に進行して社会の成長力が失われていく不安の時代になった。人々の社会行動と価値観が多様化する個人主義の時代に変わり、経済も生産に代わって消費が主導する時代になった。一般には昭和、平成の時代は戦後の74年と一続きのように考えられがちであるが、そうではなく、昭和と平成の間にはこのように大きな社会転回があったのである。

このような社会の転回に関連付けて考えてみると、戦後、日本の食生活に起きた大きな変化も、昭和の時代に起きたことと平成の時代に起きたこととでは全く様相が違うのである。

第二次大戦後の日本は深刻な食料難に陥っていた。そこで、化学肥料や化学農薬を活用して食料の大増産を行い、それでも不足する食料は海外から輸入して補うことにした。米飯中心で栄養バランスの悪い伝統的な和風の食事を改め、肉料理、乳製品を多く摂る欧米風の食事をすることにしたので、国民の栄養状態は急速に改善され、世界有数の長寿国になった。スーパーマーケットやコンビニには全国各地から集められた食材、海外から輸入された食品が溢れ、便利な加工食品が数多く販売されている。この外にも、すぐに食べられる弁当や総菜があり、外食店も気軽に利用できるようになった。高度経済成長のお蔭で国民の収入が増え、生活費に占める食費の割合、エンゲル係数は22％に低下し、誰でも、どこでも、好きなものが、気安く食べられる豊かで便利な食生活が実現したのである。

しかし、平成の時代になると、人々はこの豊かで、便利な食生活に慣れて食物を大切にしなくなり、食事をすることを疎かにするようになった。安価な輸入農産物に押されて国内農業が衰退し、食料自給率が40％に低下して食料の安全保障ができなくなったのである。それなのに、人々は多量の食料を惜しげもなく使い残し、食べ残して、全体で3割近い食料を無駄に捨てている。食べ物が有り余っているのをよいことにして過食、飽食するから肥満者が増え、それが誘因となって生活習慣病が蔓延してきた。家庭で調理をすることが少なくなり、自分勝手に食べる個食、家族が違うものを食べるバラバラ食、子供だけで食事をさせられる子食が増え、このままでは食卓での団欒が少なくなって家族の

昭和と平成を対比する

	昭和 64 年（1989 年）	平成 30 年（2018 年）	備考
総人口	1 億 2,361 万人	1 億 2,644 万人	昭和 20 年 7,214 万人 平成 20 年 1 億 2,808 万人
名目 GDP	416 兆円	553 兆円	昭和 30 年 9 兆円
日経平均株価	38,915 円	20,014 円	平成 21 年 7,568 円
対ドル円為替レート	138 円	110 円	昭和 60 年 255 円
国家予算　一般会計	69.7 兆円	97.5 兆円	昭和 30 年 1 兆円
国債残高	161 兆円	883 兆円	昭和 40 年 2 千億円
平均寿命　男性	75.9 歳	81.3 歳	昭和 22 年 50.1 歳
女性	81.9 歳	87.3 歳	54.0 歳
出生数	124 万人	91 万人	昭和 24 年 270 万人
高齢者人口比率	12.1%	27.7%	昭和 25 年 4.9%
既婚女子の雇用比率	33.9%	70.0%	昭和 55 年 26.4%
勤労者世帯の平均月収	49.6 万円	53.4 万円	昭和 30 年 2.9 万円
同世帯の 1 か月食費	7.6 万円	8.3 万円	昭和 30 年 1.0 万円
エンゲル係数	24.3%	25.8%	昭和 25 年 57.4% 平成 17 年 21.5%
食料需給システムの経済規模	80 兆円	76 兆円	昭和 30 年 4 兆円 昭和 45 年 15 兆円
総合食料自給率	49%	37%	昭和 35 年 79%
農業総生産額	11 兆 5 千億円	9 兆 2 千億円	昭和 60 年 11.6 兆円
農地面積	528 万 ha	444 万 ha	昭和 35 年 607 万 ha
農業就業者	565 万人	145 万人	昭和 35 年 1,454 万人

絆が失われるのではないかと危惧されている。昭和の時代に実現した豊かで便利な食生活は、平成の時代になると一転して飽食と崩食の乱れた食生活に変わったのである。

現代の食生活に起きたこのような変化の背景には、世界規模でみれば、近代社会の基幹である市場経済資本主義の拡大と生産技術の進歩があった。国内でみれば、高度経済成長、近代核家族の成立とその個人化、女性の就業率の向上と家庭生活の変容、急速な老齢化と少子化、単身家庭の増加などの社会現象が進行している。現在の日本に起きている食の病態と混乱は、少なからずこれらの経済情勢、社会構造の変化に起因していると解釈できる。良くも悪くも、社会学的にみれば起きるべくして起きた混乱であり、もはや食の世界だけの対処では解決できない問題になっている。

近い将来、大量生産、大量消費の世界市場経済はいくつかの限界に直面してこれ以上に拡大成長できなくなり、持続可能な経済社会に転回することを余儀なくされるに違いないが、日本とても例外ではないだろう。情報技術や生命科学などの技術革新によって現在の繁栄を維持しながら、持続可能な共生社会に転じようとするポスト現代において、私たちの食生活だけが無条件でこれまで通りであり続けられるとは思えない。

今後いくら科学技術が進歩しても食料は人工的に作れるものではなく、人間が生きるために食べるということが不要になるものでもない。それなのに、今や世界の食料生産量は限界に達し、近い将来に世界規模の食料不足が訪れようとしている。その時、食料自給ができない日本はどう対処すればよいのであろうか。そのことを考えるならば、私たち日本人は豊かで便利になりすぎた食生活を漫然と享受していないで、この豊かな食生活を今後も持続できるように食生活における行動意識を改めておかねばならない。そのためにどうすればよいのか、考えてみようと思う。

第1章　豊かで便利な食生活が実現した

1　食料を大増産して深刻な食料難を解消した

第二次大戦直後の日本は深刻な食料不足に陥っていたので、米をはじめとするあらゆる農産物を増産することが何よりの急務であった。戦時中に農業生産力が低下してあらゆる農産物が不足していたのである。

特に深刻であったのは主食にする米の不足であった。第二次大戦が始まる前の昭和10年代の米の年間消費量は平均1100万トン、一人あたり年間160キログラムであり、これに対して生産量は国内米が950万トン、朝鮮、台湾からの輸入米が約190万トン、合せて1140万トンであったので、国民の必要とする米は国内（旧植民地を含めて）で自給できていた。

ところが、第二次大戦が始まると農村では男子が徴兵されて労働力が足りなくなり、肥料も不足して米の生産量が激減し、輸入米も途絶えた。政府は米を配給制にして一人1日、2合3勺、345グラム、年間126キログラムを確保しようとしたが、戦争末期にはそれもできなくなった。戦争が終わった昭和20年には米の生産量は550万トン、一人あたり77キログラムにまで落ち込んでいた。民衆はさつま芋、かぼちゃ、さらには豆粕、ふすま、米ぬか、芋の茎までを主食代わりに食べる「代用食」で飢えを凌いだ。昭和21年の食料メーデーには、25万人もの飢えた群衆が「米寄こせ」のプラカードを掲げて皇居に乱入するという騒ぎが起こった。白い米飯は銀シャリと呼ばれるほどに貴重なものであった

しかし、農地解放が実施されると農家の生産意欲が高まり、化学肥料と化学農薬を使って米の増産が始まり、1ヘクタール当たりの収量が戦前の3トンを超えて5トンに達した。生産量は急速に増加して昭和30年には戦前の生産量を回復し、昭和42年には過去最高の1445万トン、一人あたり143キログラムに達した。ところが、そのころから食事の洋風化が進んで米の消費量が減り始め、米が余るようになった。米の消費量は昭和63年には962万トンになり、平成27年には766万トンに減少している。一人あたりにすると戦前に比べて6割減の年間60キログラム、1日、165グラム、ご飯にすれば茶碗に2杯足らずで充足するようになったのである。

かくして稲作が伝来してから2千年、明治になってからでも百年続いていた米不足は、昭和40年代になって解消し、国産米は史上初めて生産過剰になったのである。それは、食事が洋風化して三度に一度はパン食をするようになり、さらに肉料理、油料理など副食を多く摂るようになったので、ご飯

の摂取量が減ったからである。米から摂取するカロリーは戦前には総摂取カロリーの60％を占めていたが、それが30％に減少し、戦前には家計費の25％を占めることもあった米代は4％で済むようになった。

　そこで米の需給を調整するために、昭和45年から米の作付面積を制限する減反政策が始まり、水稲の作付面積は昭和44年の３１７万ヘクタールをピークとして減少して昭和60年には２３２万ヘクタールに減った。平成27年現在、稲の作付面積は１４８万ヘクタール、米の生産量は８４３万トン、消費量は７６６万トンであり、ピーク時に比べて作付面積は半減、生産量と消費量は共に６割前後に減っている。米の生産金額は１・８兆円、ＧＤＰの僅か０・４％に減少したのである。そして、私たちの先祖が営々と拡張してきた水田の実に40％にあたる１００万ヘクタールが休耕田として放置されている。

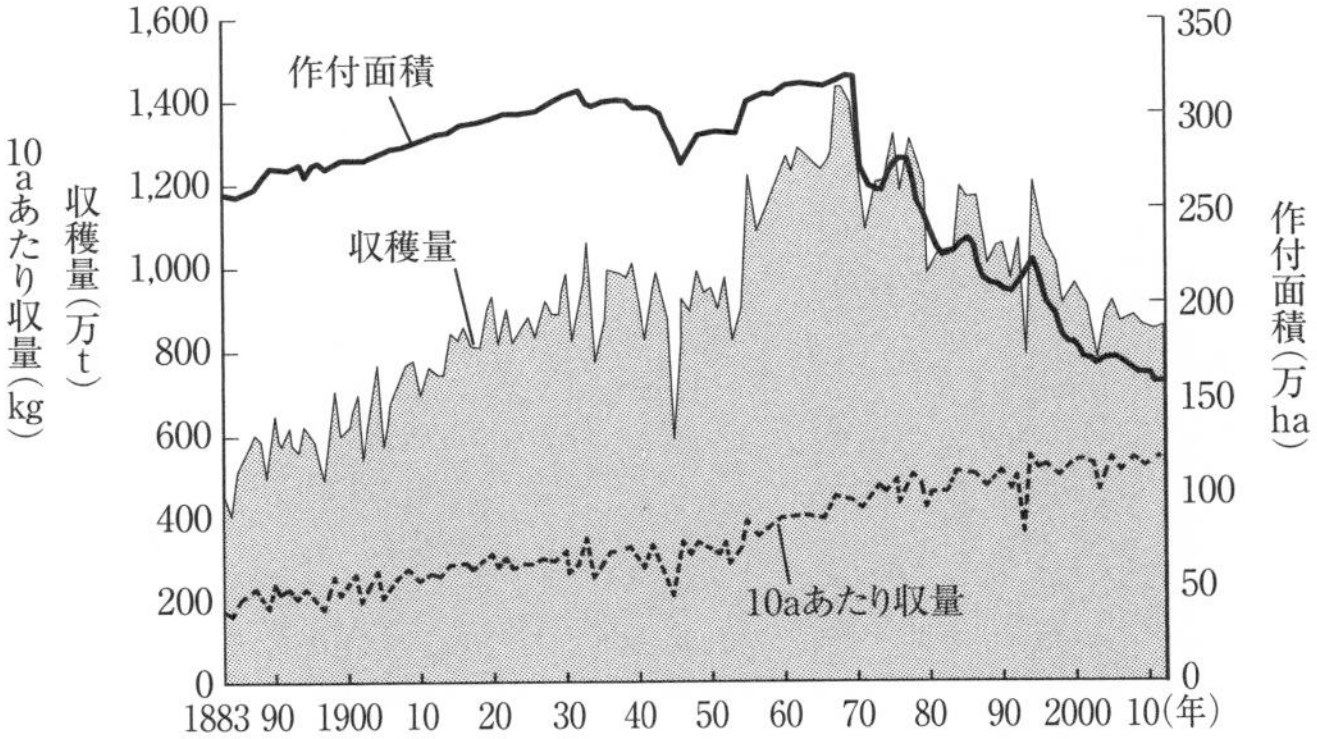

図1-1　水稲の作付面積、収穫量、反収の推移

資料：農林水産省　作物統計
神野直彦ら「分かち合い社会の構想」岩波書店　2017年より転載

このような「コメ離れ」、「コメ余り」は古代以来続けてきた米を主食とする食習慣が大きく変貌したことを意味する。農水省が平成27年に調査したところ、コメ離れは特に若い世代に顕著であり、20歳代の男性の2割、女性の1割は1か月に一度も米飯を食べていない。民族の主食事情が短期間にかくも様変わりしたことは諸外国にはなかった現象である。

米の増産とともに、小麦、大麦、ついで野菜、果実なども生産拡大が続けられた。小麦の生産量は昭和30年代前半に150万トン前後に回復した。しかし、その頃からパン食が普及して需要が400万トンにも急増したので、海外から安い小麦を輸入して不足を補うことになった。そのために、国内での小麦の生産は急激に減少しはじめ、昭和51年には22万トンまでに減少した。その後、水田の転作奨励金を得て増産が行われたので昭和63年以降は生産量80万トン前後で推移している。現在では小麦の需要600万トンの87％を輸入に依存しているのである。

日本の農業は昔から米作りが中心だったから農地の54％は水田であり、食用油を絞る大豆、トウモロコシや飼料穀物を大量に栽培する広い畑はない。大豆の生産量は昭和30年に戦前の生産量50万トンを回復したが、その後は海外からの輸入が480万トン前後に急増したので、国内での生産は20万トンにまで減少し、国内自給率は5％に低下している。トウモロコシ、コーリャン、大麦など飼料穀物の輸入量は、昭和35年の160万トンから昭和60年代には2200万トンにまで激増した。この間に国内での飼料穀物の生産は安い輸入穀物に押されて、266万トンから20万トンにまで減少してしまった。

このようにして、小麦、大豆、トウモロコシは必要量のほとんどを海外から輸入することになったが、それ以外の農産物は昭和45年頃には何とか自給できるようになった。戦後の食料不足がようやく解消した昭和35年に比べてみると、昭和45年までに肉類の需要は3・0倍、卵は2・6倍、牛乳・乳製品は2・4倍、野菜は1・3倍、果実は1・9倍に増加したが、これに対して国内生産量は、肉類は2・9倍、卵は2・5倍、牛乳、乳製品は2・5倍、野菜は1・3倍、果実は1・7倍に増加したので、どれも必要量の90％以上を国内で自給できるようになったのである。これは、第二次大戦後の30年間、海外からの農産物の輸入に厳しい制限措置を設けて国内農畜産業を保護してきた成果でもあった。

しかし、小麦、大豆、トウモロコシを除いてで

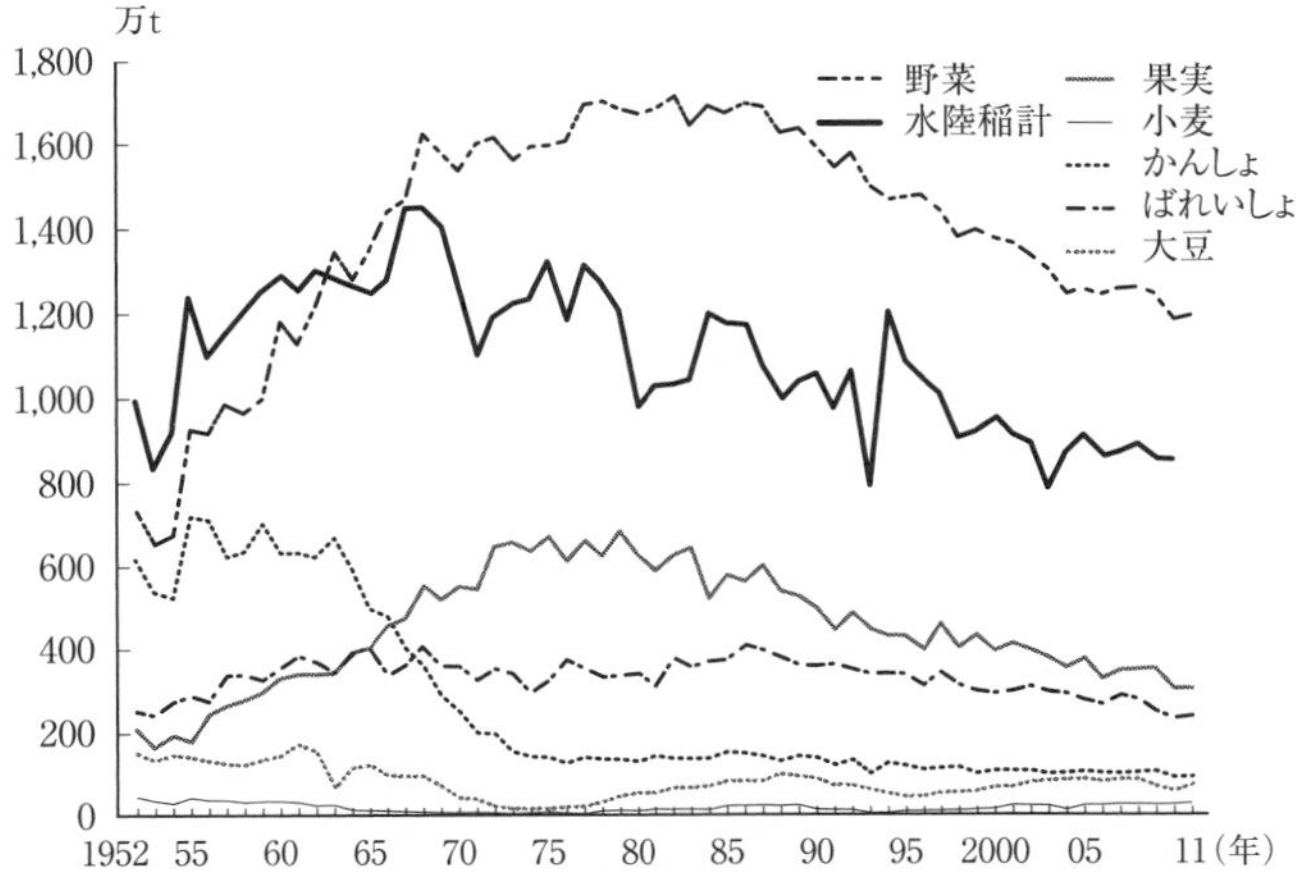

図1-2　農作物の生産量の推移

農林水産省　食料需給表による

はあるが、農産物の国内自給が続けられたのは昭和45年頃までであり、それ以降は人口が1億人を超えて増加し、その豊かな食生活を賄うだけの食料を国内で生産することが全くできなくなった。昭和50年代になると農産物の貿易自由化を求める國際貿易機構、ガットの要求が厳しくなり、農産物の輸入制限を次第に緩和、撤廃せざるを得なくなり、輸入農産物が急増してきたのである。昭和46年にまずグレープフルーツの輸入が自由化され、続いてかんきつ類、熱帯果実、ぶどうなどの輸入が始まり、昭和50年代になると畜産物の輸入が急速に増加した。その結果、国内農畜産業は価格競争力を失って後退し、総合食料自給率が急速に低下することになった。

生鮮さが大切な野菜は輸入をしないで国内生産に任せていたから、国内生産量は増加し続けて昭和50年代には1700万トンに近づき、輸入野菜は10万トンもなかった。しかし、昭和60年頃より外食や加工食品に使う冷凍馬鈴薯の輸入が始まったのをはじめとして、冷凍野菜、塩蔵野菜、乾燥野菜などの輸入が増加してきた。続いて、鮮度保持、輸送技術の発達によってかぼちゃ、アスパラガス、ブロッコリー、里芋、しいたけなどの生鮮野菜も輸入され始めた。こうして、輸入野菜が平成11年に300万トンを越えると、その安い価格に押されて国内の野菜生産は減少し始め、自給率が80％前後に低下することになった。

日本人は昭和40年代まで動物性タンパク質の半分以上を水産物から摂取していた。そのため、沿岸から沖合へ、更に遠洋へと世界中の魚を求めて漁獲量を増やし、昭和35年ごろには国内で消費するだけでなく欧米諸国に輸出もしていた。昭和40年、漁業専管水域２００海里体制が設けられると北洋でのさけ、ます、すけとうだらなどの漁獲が急減したが、さば、いわし、あじ、いかなど近海での漁獲量を増やして漁獲量１１００万トンを維持して平成元年ごろまでは１００％近い自給が出来ていたのである。ところが、それ以降は近海での漁獲量が急速に減少し始めたために、平成10年代に入ると総漁獲量が６００万トン以下に減少し、３５０万トンを超える魚介類の輸入が必要になり、自給率は50％台にまで低下した。

　このような経過をたどって昭和50年代になると、戦前とは比べものにならない豊かな食生活ができるだけの食材を手に入れることができるようになったのであるが、その全ての食料を国内で増産できたわけではなく、その半分近くを海外から輸

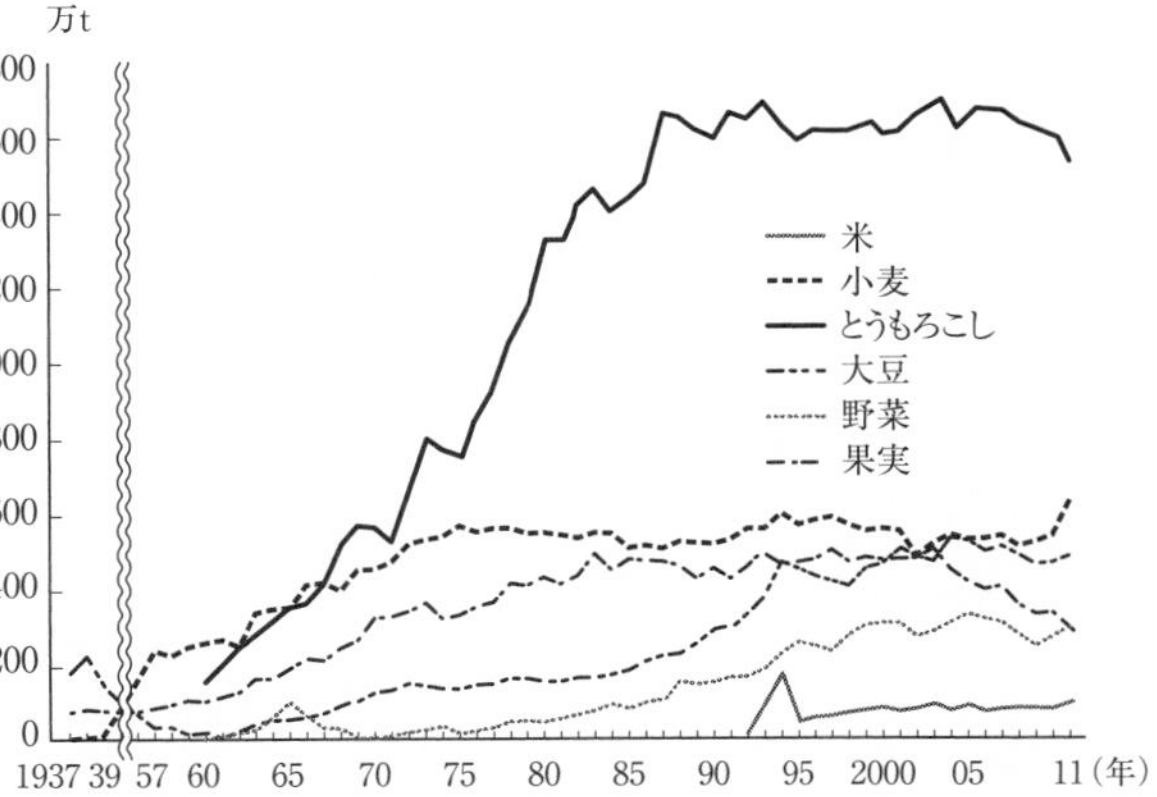

図1-3　農産物の輸入量の推移

農林水産省　食料需給表による

入して補うことになった。そのため、総合食料自給率が40％にまで低下することになったが、その原因は人口が７５００万人から１億２７００万人に増え、且つ、食生活が豊かになって一人あたりの食料需要が倍増したことにある。

２　国民の栄養状態が改善された

第二次大戦前の日本の食生活は豊かなものではなかった。ご飯を中心に野菜、大豆、魚の一汁一菜であったから、カロリーは1日、２０００キロカロリー弱を確保していたが、その80％は米、麦、芋、大豆から摂っていたのである。動物性のタンパク質や脂肪の摂取が少なく、栄養素のバランスが悪かったために、国民の体位は貧弱で、栄養不足による感染症が多く、平均寿命は男性45歳、女性47歳であった。

しかも、第二次大戦後には農業生産力が減少してこのような食事すらできない深刻な食料不足に陥った。戦時中から実施されていた米の配給制度が維持できなくなり、都市部ではあらゆる食料が不足した。昭和20年には1日の摂取カロリーが１７９３キロカロリーにまで減少し、ほとんどの国民が飢餓同然の状態になっていた。東京では3か月に１０００人以上の餓死者が出たのである。この食料不足を救ったのはアメリカ占領軍による食料支援であった。昭和22年にはアメリカ占領軍、ララ委員会（アジア救済連盟）、ガリオア・エロア資金（占領地救済連盟）などから総額20億ドルの援助を受けて、アメリカ産小麦91万トン、大麦16万トンを緊急輸入して飢えを凌いだ。

そして、輸入小麦粉と脱脂粉乳を使って全国主要都市で300万人の児童を対象に週2回以上、300キロカロリーの昼食を支給する学校給食が実施された。さらに、昭和27年からは全国の小学校でコッペパンに脱脂粉乳ミルク（33年からは牛乳になる）とコロッケ、ポタージュスープなどの完全給食が実現し、31年からは中学校でも実施された。昭和40年代にはパンとミルク、魚のフライ、マカロニサラダ、グラタン、八宝菜などの副食という学校給食を、全国1100万人の児童、生徒が6年間食べることになったから、児童たちの栄養改善に役立っただけではなく、家庭でのパン食の普及、おかずの洋風化を促進することにもなった。

昭和27年には栄養改善法が施行され、それまでの米飯中心で動物性タンパク質や脂肪の乏しい食事を改めて、肉料理、油料理、乳製品を多く摂る欧米風の食事をして栄養状態を改善する栄養改善運動が始まった。まず、国民の栄養摂取状況を正確に把握するため、毎年、全国5000世帯を対象として1日の食事内容を実地調査する国民栄養調査が昭和21年から始まった。さらに、生鮮食品と加工食品を含めて2000種類の食品について、カロリーや栄養成分を記載した食品成分表と日本人に必要な栄養所要量を定めた食事摂取基準が整備され、学校や病院などで栄養指導を担当する栄養士、管理栄養士の制度が発足するなど、国民の栄養状態を本格的に改善、指導する体制が整った。国民の貧弱な栄養状態を改善するためには肉料理、油料理を多く摂る必要があったから、厚生省はキッチンカーを全国に巡回させてマカロニ、焼きそば、サンドイッチなど洋風料理の講習を行った。こうして、朝食はパン、牛乳、卵、ハムという家庭が増え、夕食の食卓にはビーフステーキ、ハンバーグやクリームシチューなどが並ぶようになったのである。

その結果、戦前と戦後の1日の食料を比較してみると、米の消費が半分以下に減り、小麦は4倍、野菜は2倍、魚は3倍に増え、ことに、油脂類は15倍に、肉類は13倍に、牛乳、バターなど乳製品は28倍に大きく増加している。昭和60年頃になると動物性食品の摂取が増えたことにより、米や麦、芋など糖質から摂るカロリーは全体の6割に減り、残りの4割をタンパク質、脂肪から摂るようになったので、タンパク質、脂肪、炭水化物の摂取比率がほぼ理想的なバランスになった。ご飯を食べる量は戦前の4割ほどに減り、1日の主食は平

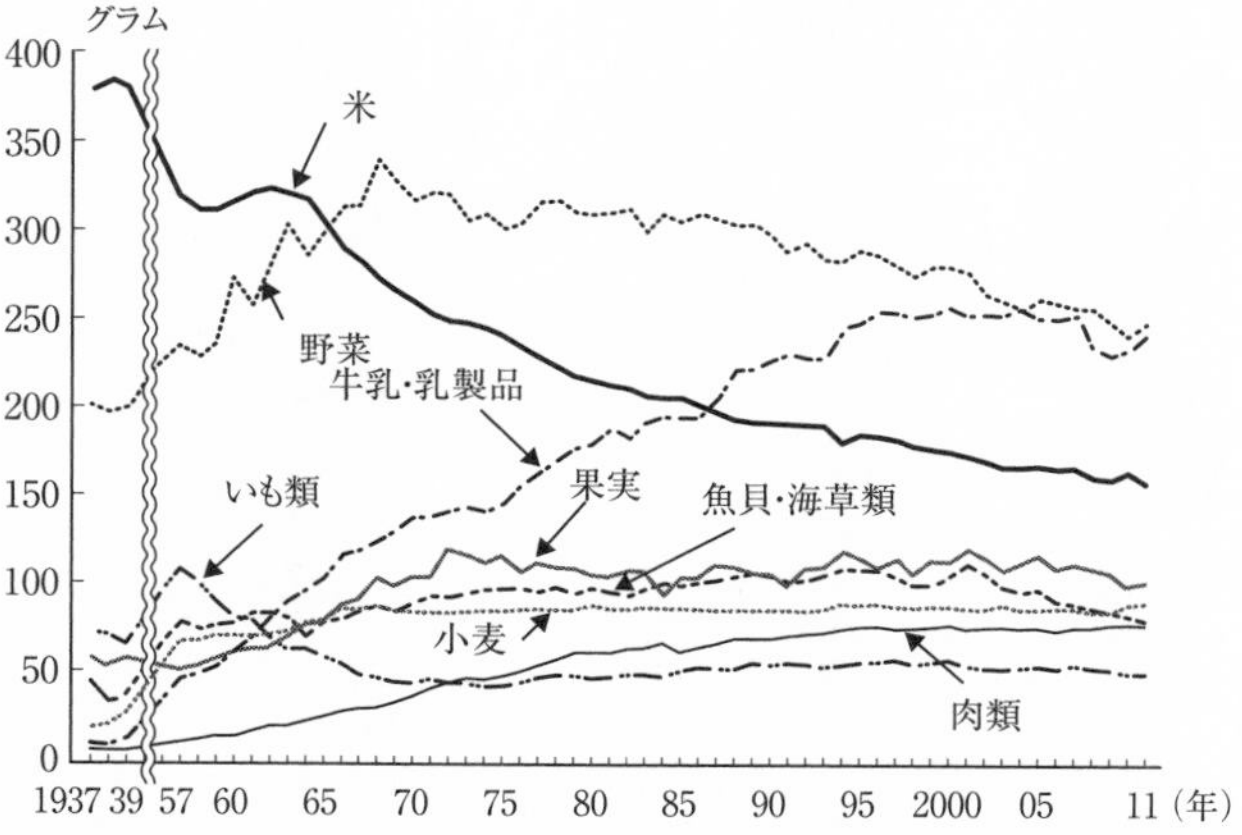

図1-4　1日に消費する食料の変化

一人1日あたりの純食料、g
農林水産省　食料需給表による

均すると御飯を2杯半、食パン1枚、うどんを3分の1玉になった。この頃の米の消費量は年間、1000万トン、小麦は600万トンだから、御飯とパンの比率は1：1に近づいている。

その結果、成人の身長は戦前に較べると平均で10センチメートル伸びて、平均寿命も昭和60年には男性は75歳、女性は80歳になり、世界一の長寿国になったのである。食べるものが健康の保持と病気の予防に大切であることは昔から誰もが経験的に知っていたが、そのことを栄養学の科学知識で理解して毎日の食事作りに生かすことがようやく一般的になったのである。高度経済成長のお蔭で国民の所得が増えて、高価な肉や乳製品を食べる余裕ができたことも大きな原因である。

エンゲル係数という食生活の指標がある。食費が家計支出の何％を占めているかというのがエンゲル

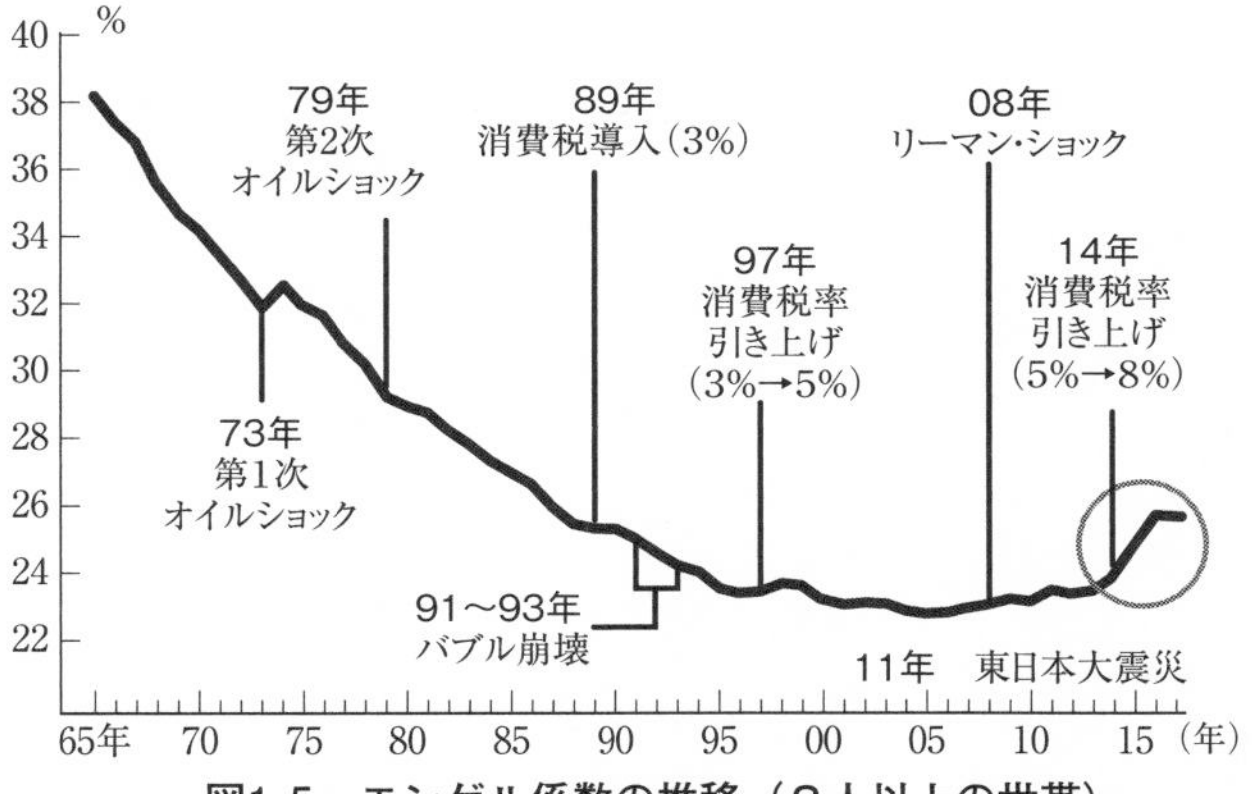

図1-5　エンゲル係数の推移（２人以上の世帯）

総務省家計調査から　1999年以前は農林漁家世帯を除く
朝日新聞2018年５月18日

係数である。食料不足に悩まされ、生活費の大半が食べることに使われていた終戦直後の昭和22年にはエンゲル係数が63％であった。その後、高度経済成長が始まり家庭の収入が増えて生活に余裕ができたので、昭和60年にはエンゲル係数が26％に下がった。働いてさえいれば、食べることに経済的な心配がいらなくなったのはこの頃からである。その後、エンゲル係数はさらに減少して、平成7年以降は22％台で推移している。

因みに、当時の先進諸国のエンゲル係数は、アメリカが最も低く19・3％、カナダ23・5％、イタリア24・4％、イギリス24・9％、スペイン26・9％、韓国32・9％の順である。国々によって食料品の価格や食習慣が違うので数字の大小を細かく比較しても大きな意味はないが、食べることに経済的な苦労をしなくてもよいという点では日本も欧米先進国もそれほどの違いはない。食料不足に悩まされることなく、だれでも、豊かで健康的な食生活ができるという食の民主化が実現したのである。戦後の50年足らずという短期間に、日本のように日常の食事内容を大きく変えて国民の栄養状態を見事に改善したところは世界に類がない。

3　家庭の食事が洋風化した

毎日食べる家庭の食事の内容が、昭和60年ごろになると劇的に変わった。戦後の僅か40年間にそれまでの米飯を中心にして野菜、魚を食べていた和風の食事を改め、パン、肉料理、乳製品などを多く摂る洋風の食事をするように変わったのである。それは当時の日本人の劣悪な栄養状態を改善するために政府が実施した栄養改善運動の成果であったが、それだけではなかった。何事でも戦勝国アメリカの文化を良しとした戦後の風潮と、一度でよいから欧米風の豊かな食事をしてみたいという当時の民衆の強い願望があったからである。

敗戦後の深刻な食料難に苦しんでいた当時の日本人の憧れは、アメリカ市民の豊かな食生活であった。当時、朝日新聞に連載されていたアメリカの家庭漫画「ブロンディー」に人気があった。金髪の美人ブロンディーの剽軽な夫、ダグウッドが大きな電気冷蔵庫からハムやチーズ、ジャムなどを取りだし、巨大なサンドイッチを作って食べる光景を、それこそ生唾が出るのを我慢して見ていた記憶が今も鮮明に残っている。マクドナルドのハンバーガーやコカ・コーラなど「アメリカの味」は人々に大きな驚きを与えた。昭和45年、日本人の3人に1人が入場したという大阪万博で、多くの人が初めて欧米諸国の料理やファーストフードに接して驚いたのである。それまでに経験したことがないような鮮烈な食の驚きと喜びが大きな動機になって、日本人の食生活が急速に洋風化したのであった。

高度経済成長期には多くの若い男女が仕事を求めて農村部から都市部に移住してきた。親から離れて都会で新しい家庭をもった若い女性たちが、毎日の食事作りの参考にしたのはテレビの料理番組と女性雑誌の料理記事であった。それまで母親から娘へ、姑から嫁へと受け継がれてきた一汁三菜の和食はここで一旦姿を消すことになった。主婦の料理に対する関心は高まり、「おいしく手軽な料理作り」、「家族の健康を考えた食事作り」、「料理の楽しさと栄養のバランス」を教える料理学校が各地に開かれ、そこに通うのは若い女性の花嫁修業の一つとされた。農村部では公民館で食生活の改善を目標にした料理教室が開かれ、栄養バランスの良い食事を作る指導が行われた。家庭での食事作りは家族への愛情の表現であるという意識が強くなったのも、昭和40年代前半のことである。

料理研究家やプロの料理人が、実際に調理しながら説明するテレビ番組、NHKの「きょうの料理」が始まったのはまだ白黒テレビの時代であった昭和32年、今から62年前のことである。その後、現在まで続いている長寿番組となり、戦後の家庭料理の発展に大きな貢献をした。和風の料理が多かった戦前の家庭料理に、洋風、中華風の新しい料理を加え、また栄養や食品衛生に関する知識などを普及させるのに役立ったのである。

現在、家庭で食べている「おかず」を調査してみると、焼き魚、刺身、野菜の煮物、きんぴらごぼう、和え物、冷奴、味噌

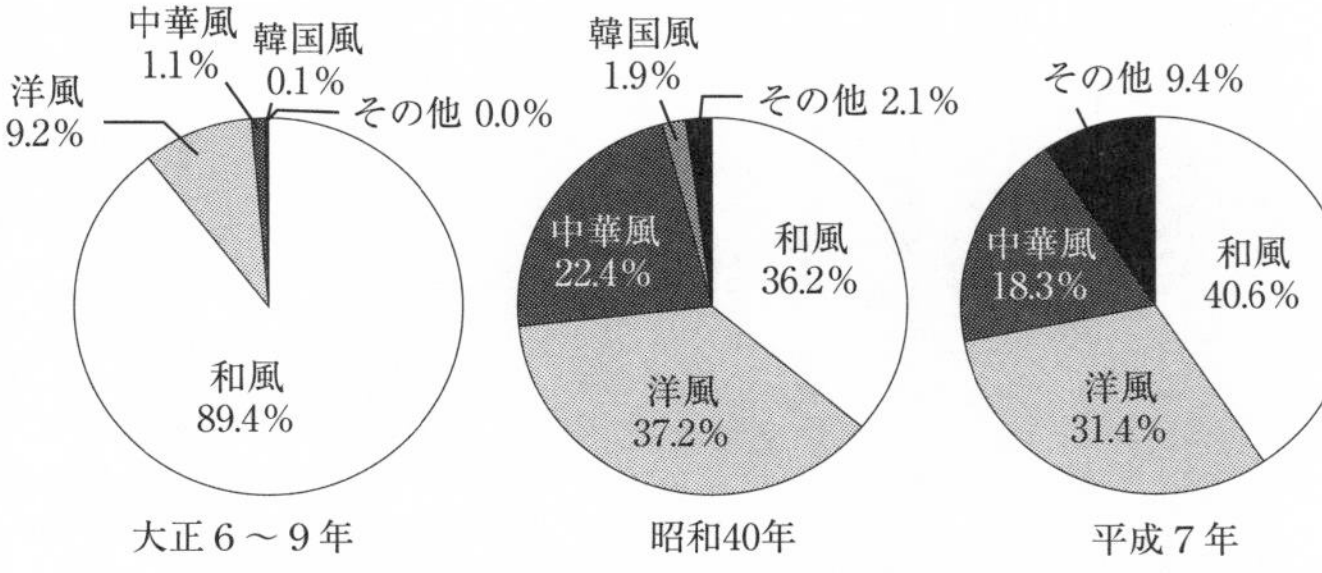

図1-6　家庭料理に洋風料理、中華料理が増えた

江原絢子ら「日本食物史」吉川弘文館　2009年　より転載

汁、漬物などの和風料理が少なくなり、ハンバーグ、とんかつ、魚フライ、ビーフステーキ、カレーライス、シチュー、グラタン、コロッケ、肉じゃが、野菜サラダなどの洋風料理、餃子、鶏肉唐揚げ、酢豚、焼肉、野菜炒め、マーボー豆腐などの中華風料理が増えている。主菜は洋風、中華風で、副菜は和風という取り合わせが多く、諸外国の料理を日本風にアレンジして定番料理にしているのである。

戦前の家庭の食事は和食メニューが90%であったが、昭和40年頃になると洋風料理や中華風料理が増えて、和風料理は36%に激減しているという調査がある。しかし、その後、平成になる頃から人々の健康志向が強くなり、脂肪を摂りすぎない和風の料理が再び見直されてきた。現在、テレビの料理番組で紹介されているのは和、洋、中華、そしてそれらの折衷料理が多い。諸外国の家庭ではその国の伝統の料理を、しかも毎日同じようなものを食べていることが多く、日本のように外国風の料理が家庭にまでどっぷりと入り込んでいるのは世界的にみてきわめて珍しい。今日は和食、明日は洋食、あるいは中華風と毎日の献立が日替わりで変る日本の家庭料理の豊かさと多様さは世界に比類がない。

4　家庭の食事作りが便利になった

家庭の食事作りが大きく変わり始めたのは、高度経済成長が始まった昭和30年代のことである。昭和31年に都市部の住宅難を解消するために日本住宅公団が２ＤＫ団地を建設し始めると、若い夫婦は親と別居して夫婦と子供の核家族で暮らすようになった。すると、これまで母親から娘へ、姑から嫁に伝承されてきた炊事と料理のスタイルが一変したのである。

その始まりが「台所革命」であった。土間に竈と七輪がある暗い台所はガス、水道を備えた明るいダイニングキッチンに変わった。そして、昭和28年からダイニングキッチンの電化が始まった。ミキサー、ジューサー、電気トースターが登場し、昭和30年には「寝ていてもご飯が炊ける」電気炊飯器が発売された。どの家庭にも電気冷蔵庫が備えられ、主婦たちを毎日の買い物から解放した。昭和41年に発売された電子レンジは冷凍食品とタイアップして昭和64年には全世帯の70％に普及した。「チンする」という新しい調理用語が生まれたのである。それまでは茶の間でちゃぶ台（折りたためる脚がついた座卓）を囲んで食事をしていたのが、２ＤＫ住宅のダイニングキッチンで食卓と椅子を使い、花柄の洋風食器で食事をするようになった。

更に、若い主婦の食事作りを助けたのは続々と開発された便利な加工食品である。加工食品といっても、戦前からの小麦粉、うどん、豆腐など、缶詰、瓶詰、塩干物、漬物などの保存食品、味噌、醤油、みりんなどの調味料はそれほど増えたわけではない。急速に増えたのは冷凍食品、即席食品、調理済み食品など少し手を加えるだけで食べられる加工食品なのである。

戦前は調味料と言えば醤油、味噌、砂糖、昆布、鰹節などであったが、戦後は昆布や鰹節で出汁をとる代わりにグルタミン酸ナトリウムとイノシン酸などを調合した化学調味料を使うのがごく普通のことになった。さらに、チューブ入りのマヨネーズ、固形スープの素、麺つゆ、ポン酢、焼き肉のたれ、など便利な調味料が発売された。

昭和27年に日本水産が開発した魚肉ソーセージは朝食や弁当のおかずとしてよく利用された。当初、200トンぐらいであった魚肉ソーセージの生産量はピーク時の昭和35年には188万トンに達した。人造バター、マーガリンは戦前にフランスで開発された硬いものであったが、戦後に我が国で改良されたソフトタイプは展ばしやすくなり、風味も天然バターに劣らない。繊維状に成形した蒲鉾を束ね、カニ風味をつけたカニカマもヒット商品になった。

お湯を注ぐだけ、あるいは温めるだけで食べられる即席食品の三大傑作はカップ麺、レトルトカレー、そして即席味噌汁であろう。湯を注ぐだけで食べられるインスタントラーメンの歴史は昭和33年、日清食品の創業者、安藤百福が「チキンラーメン」を発売したことに始まる。麺に鶏がらスープを沁みこませ、油で揚げて乾燥させたチキンラーメンは、お湯を注いで2分経てば食べられた。1袋35円のチキンラーメンは発売と同時に1300万食を売り上げたので、この年は「インスタント元年」と呼ばれている。その後、インスタントラーメンは麺とスープを別にした袋入り麺になり、さらに昭和46年にはカップヌードルに進化した。今ではカップ麺、袋入り麺を合わせて56億食、日本人は一人あたり年間44食を食べ、世界中では千億食が食べられている日本発の世界食品である。

レトルトカレーの市場規模は今や800種類、450億円になり、一袋450円とすると1億食になるが、その始まりは昭和43年に大塚食品が発売したレトルト「ボンカレー」であり、これが日本のレトルト（加圧加熱殺菌）食品の始まりでもあった。どの家庭でも便利に使っている固形のカレールーも昭和35年にハウス食品が開発したのが始まりである。レトルト食品は今やシチュウやスープ、食肉、魚介の加工品などを含めて22万トンも生産されるようになっている。

即席味噌汁が登場したのは昭和50年である。最初は粉末味噌を使っていたが、その後、生味噌を使う製品が多くなり、味噌汁を具と共にそのまま凍結乾燥した高級品もある。今や、家庭で作る味噌汁よりおいしくなった即席みそ汁は一人あたり年間10杯も飲まれている。家庭で作る味噌汁を1年に200億杯とすれば、即席みそ汁はその5％になる。家庭で使うだけではなく、職場でも、行楽の場でも手軽に利用できる即席みそ汁の需要は増え続けている。

昭和28年に初めて発売された冷凍のコロッケ、焼売などは、昭和39年の東京オリンピックを機として外食産業から普及し始めた。家庭用の冷凍食品も、始めはパック詰め米飯、ハンバーグ、コロッケ、カツ、餃子、ピザ、炒飯など年間15万トン弱の生産であったが、今では焼魚、カット野菜なども含めて約500種類、286万トンにまで急増し、一人あたりにすれば年間23キログラムが使われている。昭和60年にはペットボトル入りのお茶飲料「お～いお茶」が販売され、お茶も家で淹れる必要がなくなった。

家庭で購入される食材の支出内訳をみると、加工食品への支出は昭和40年には48％であったが、平成8年には61・3％に増え、米や大豆などの穀物は6・2％、精肉、魚、野菜など生鮮食材は32・

5％に減っている。家庭で購入している食材の実に3分の2が加工食品なのである。鮮魚や野菜など生鮮食料品の売り上げは15兆円であるが、これら加工食品の販売額はその2倍、30兆円にもなっている。インスタント食品をはじめとするこれらの調理済み加工食品は、昭和という高度経済成長時代の忙しい社会が生んだ「早くて便利な食品」なのである。

主婦たちが食料品の買い物をするのを便利にしたのは、食品スーパーマーケットとコンビニエンスストアの普及である。我が国最初のスーパーマーケットは昭和28年、東京青山に開店した紀ノ国屋であり、昭和32年にはダイエーが神戸三宮店を、33年にはイトーヨーカ堂が東京北千住店をオープンした。生鮮食料、加工食品を含めた食品の総合量販店であるスーパーマーケットは、「低価格」、「セルフサービス」、「なんでも揃う」を売り物にして急速に店舗数を増やし、昭和64年には売り上げが9兆円になった。スーパーマーケットは戦前にアメリカで生まれた小売り形態であるが、戦後、日本に移入されて大量仕入れ、大量販売方式で食料品の小売業態を一変させてしまったのである。

コンビニエンスストアーが日本で産声を上げたのは、それより15年ほど遅れて昭和49年である。セブンイレブンの東京豊洲店がそれである。「何時でも買いものができる」ように、人通りの多い街中で24時間、年中無休で営業するコンビニは、売り上げの70％がおにぎり、弁当、総菜、菓子、飲料などの食品であり、食事づくりをしない学生や単身者、昼食を買うサラリーマン、夜食を探す深夜族、食事作りが面倒になった老年者にとってなくてはならないものになっている。コンビニの売り上げは平成年代になると急速に増え、今や12兆円になっている。住民2700世帯に1店舗あるスーパーは家庭の冷蔵庫代わり、930世帯に1店舗あるコンビニは家庭の台所代りに利用されているのである。

食料品の小売業の総売り上げは現在、45兆円であるが、そのうち、食品スーパーが2万店で売り上げが13兆円、コンビニが5・7万店で売り上げ12兆円である。スーパーとコンビニだけで生鮮食料品、加工食料品の半分以上が売られているのであり、その売り上げは平成になってから倍増している。これに対して、従来からの小規模な鮮魚店、精肉店、青果店、菓子屋、米穀店、酒販店は急減して34万店になり、売り上げも20兆円に減少した。

ここで、強調しておきたいことは、これらの便利な加工食品とスーパーマーケットとコンビニの普及が家庭の食事作りをがらりと変えたことである。魚や肉、野菜など生鮮食材をを毎日、市場に買いに行き、台所に長時間立って調理していたかつての食事作りは、スーパーマーケットあるいはコンビニで購入しておいた加工食品や冷凍食品、あるいは調理済み食品、持ち帰り総菜などを利用することにより著しく簡略化されたのである。

5　外食をすることが増えてきた

外食をすることが手軽にできるようになった。大阪万博が開かれた昭和45年に、外資系のファーストフード・ショップやファミリーレストランが相ついで日本に進出してきた。それまで生業、家業として家族規模で営業していた飲食店業界にフランチャイズ・チェーン経営の「外食産業」が加わったのである。高度経済成長の恩恵を受けて生活に余裕ができてきたので、日曜日にはマイカーでドライブを楽しみ、ファミリーレストランで食事をすることが流行した。食事のレジャー化が始まったのである。戦前には家族で外食することはほとんどなかった。著者は戦前に幼年時代を過ごしたが、たまに、うどんの出前を取ってもらうか、デパートの食堂でホットケーキを食べさせてもらうのがうれしかった。戦後、集団就職で東京に出てきた地方の中学生が街の食堂で食べさせてもらったカツドンのおいしさに驚いたのも無理はない。しかし、今では外食をすることはレジャーではなく日常のこととなり、家族そろって外食店を利用するのが月に1、2回あるいは週に1、2回もある家庭が増えている。

注文すればセルフサービスで手軽に食べられるファーストフード店も昭和40年代に現れた。第二次大戦が終結した直後、アメリカ、カリフォルニア州パサデナで映画館を経営していたマクドナルド兄弟が、映画の休憩時間にパンにハンバーグステーキを挟んで売ってみたところ飛ぶように売れた。これがハンバーガーという世界的なファーストフードの始まりである。日本マクドナルド社の1号店は昭和46年、東京銀座の三越デパートのショウウインドウを借りて開店した。当時、ハンバーガーは1個80円で割高なものであったが、「アメリカの味」が人気を呼び、あっという間に50万円を売り上げたのが今も語り草になっている。その後、モスバーガー、ロッテリア、フレッシュネスなどが相次いで参入して、ハンバーガー・ショップは全国に6200店舗を超えた。マクドナルド社の店舗数は、アメリカに次いで日本に多いという。世界共通の味付けをして、マニュアル化した画一的なサービスで提供するハンバーガーは、世界でも最も多様性に富む日本の家庭料理の対極になるものである。

ファーストフードは文字通り「注文すれば直ぐに食べられる」ものであり、忙しい現代人にぴったりの新しい食事形態であると言ってよい。ハンバーガーのほかにもミスタードーナツ、ケンタッキーフライドチキン、吉野家牛丼、ドトール社やスターバックス社のコーヒショップなども同類である。ファーストフード店のメニューはチェーン店に共通だから、食材はまとめて大量に安く購入し、下ごしらえ、調理はセントラルキッチンでまとめて行い、チェーン店舗ではマニュアルどおりに温め、トッピングし、盛り付けるだけである。コックがいなくても、パートやアルバイトの店員で同じ味、同じ品質のものを、しかもお客を待たせることなく迅速に提供できる。新しい外食サービスの形態が生まれたのである。昭和30年頃までは高級な食べ物であった握り鮨も回転ずしの登場で一挙に大衆化した。回転ずしの第1号店は昭和33年、大阪で開業した元禄寿司である。

外食の市場規模は平成9年までに29兆円に拡大し、人口一人あたりで比べればアメリカの2倍にもなるという活況ぶりである。その内訳をみると、食堂、レストランなどが47%で最も多いが、学校、企業、病院などでの集団給食が15%を占めている。集団給食は戦前にはなかった外食の形態なのである。そのほかには寿司屋、そば、うどん店、料亭、旅館、ホテル、居酒屋、バー、喫茶店などを含めて、いわゆる飲食店は全国に45万店あるから、平均して１２０世帯に1店舗があることになる。

そして、家庭の外で食べる「外食」ではないが、家庭内で作る「家庭内食」でもない、その中間に位置する「中食」が増えてきた。持ち帰り弁当屋、コンビニ、スーパーなどの総菜売り場で販売されている弁当、総菜、ハンバーガー、調理パン、おにぎり、すしなど、「中食」といわれる持ち帰りの調理済み食品が、ビジネスマンや学生、高齢者などの昼食、夕食に重宝がられるようになったのである。持ち帰り弁当店チェーンが登場したのは昭和50年代であった。中食の総売上高は平成２年には２・５兆円である。当時、アメリカでは、スーパーでお客が購入した食材を店内で調理して提供するＨＭＲ（ホームミールリプリースメント）が流行していたが、持ち帰り弁当や総菜はその日本版であると言ってよい。

平成２年度の家計調査によると、家庭の食費の９％が

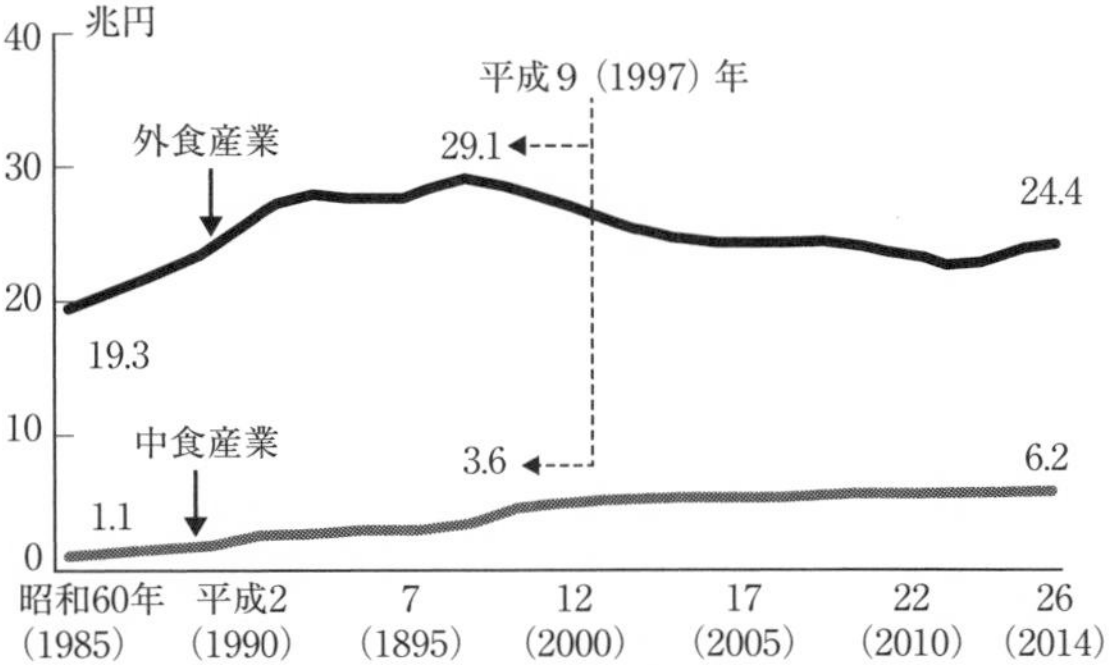

図1-7　外食・中食の市場規模の推移

公益財団法人　外食産業総合調査センター調べ　による

中食に、17%が外食に支出されている。両方合わせると日常の食事の26%は調理をしないで摂っていることになる。その25年前、昭和40年ごろまでは家庭で調理して食べることが普通であったから、この比率は10%に足りなかった。食事は家庭で用意するものというこれまでの概念が大きく変わったのである。

第2章　国内の農業が大きく衰退した

1　食料自給率が40％に低下してしまった

戦後の40年を経て、日本の食生活はかつてないほどに豊かになったが、その食料は国内ですべてを自給することができない。わが国は戦前まで人口が７０００万人足らずで今に比べれば少なかったから、国内で生産できる農産物で何とか暮らすことができていた。ところが、第二次大戦後の昭和30年代に高度経済成長が始まり、国民の所得が増えるにつれて、人口が９５００万人に増え、さらには肉料理、油料理の多い贅沢な食事をするようになったので、食料の全体的な需要が数倍に増えてきた。そこで、製パン用の小麦、油を絞る大豆、畜産飼料用のトウモロコシなどはそのほとんどを輸入するが、米、野菜、果物、卵などは国内でできる限り増産して自給率70％以上を維持していた。

しかし、昭和40年代になると人口がさらに増えて1億人を超すようになったから、国内で生産できる食料だけではまったく足りなくなった。自給できるものは米だけとなって食料自給率が70％から急速に低下し、平成10年以降は40％前後に低下してしまっている。日本人が国内で生産できる農産物で暮らせなくなり、年間に必要な食料の6割近い５８００万トン余りを海外から輸入しなくてはならなくなったのは、かつてなかったことなのである。

日本の食料自給率が欧米先進国に比べて最も低いのは、人口が多く、農地が狭いからである。現在、農地面積は約４４４万ヘクタール、人口は1億２６００万人であるから1人あたりの農地は僅かに３・５アール（１１５坪）に過ぎない。欧米の先進国を見ると、アメリカは一人あたりの農地が１６０アールもあるから食料を十二分に自給して、余った多くの食料を輸出することができる。イギリスやドイツでも一人あたり30アールほどの農地があるから食料の70％程度を自給することができる。しかし、日本で食料を完全自給しようとすれば、現在の国内農地４４４万ヘクタールを三階建てにして使っても足りないのである。

スーパーマーケットで輸入食料を探してみると、野菜や果物、鮮魚など生鮮食料品には原産地が表示されているから、輸入品はすぐに見分けられる。野菜は20％が輸入品であり、果物は60％、魚介類は36％が輸入である。パンやうどん、スパゲティー、サラダ油などは国内メーカーが製造したものだから国産だと思っている人が多い。ところが、原料に使用している小麦の85％、大豆の93％、トウモロコシのほとんど１００％が輸入品なのである。牛肉は40％が国産であるが、国産牛の飼料は72％が輸入なのである。

食肉や食用油を生産するには、多量の穀物が必要になる。牛肉1キログラムを生産するには肉牛にトウモロコシを11キログラム食べさせなければならない。大豆油1リットルを絞るには大豆5キログラムが必要である。つまり、昔なら10人で食べられた穀物を、今はステーキ肉や食用油に変えて1人で食べているのである。日本の農業は昔から米作りが中心だから農地の54%は水田であり、油を搾る大豆や飼料用トウモロコシを栽培する広い畑がない。だから、これら穀物を輸入するのは仕方がない。日本人がよく食べる魚介類は30年ぐらい前までは1100万トンを漁獲して自給していたが、今では自給率が64%に減っている。これも近海の漁獲量が最盛期の6割程度に減少したためであるからやむを得ない

表2-1　食料自給率の推移

単位：%

主要品目別自給率	1960年度	1965年度	1970年度	1975年度	1980年度	1985年度	1990年度	1995年度	2000年度	2010年度	2015年度
米	102	95	106	110	100	107	100	103	95	97	98
小麦	39	28	9	4	10	14	15	7	11	9	15
大豆	28	11	4	4	4	5	5	2	5	6	7
トウモロコシ	7	0.2	0.6	0.2	0	0	0	0	0	0	0
野菜	100	100	99	99	97	95	91	85	82	81	80
果実	100	90	84	84	81	77	63	49	44	38	40
肉類＊1	91	90	89	77	81	81	70	57	52	56	54
牛肉	96	95	90	81	72	72	51	39	33	42	40
豚肉	96	100	98	86	87	86	74	62	57	53	51
鶏肉	100	97	98	97	94	92	82	69	64	68	66
鶏卵	101	100	97	97	98	98	98	96	95	96	96
牛乳・乳製品	89	86	89	81	82	85	78	72	68	67	62
魚介類＊2	110	109	108	102	97	86	72	59	53	67	64
穀物自給率＊3	82	62	46	40	33	31	30	30	28	27	29
供給熱量総合自給率	79	73	60	54	53	55	48	43	40	39	39

資料：農林水産省　食料需給表による
＊1　肉類は、鯨肉を除く。
＊2　魚介類は、輸入飼肥料を除く。
＊3　穀物自給率は、米、小麦、大麦、雑穀の合計　主食用穀物自給率：60%（2000年）

結果である。

しかし、国内で十分自給できる野菜や果物まで輸入しているのは考えものである。新鮮さが大切な野菜は、国内80万ヘクタールの畑で１７００万トンを生産して自給していたのである。ところが30年ぐらい前から食品業者が安くて大量に調達できる中国産の野菜を輸入し始めたので、生産価格が高い国産野菜は作付け面積が55万ヘクタール、生産量が１２００万トンにまで減少し、自給率は80％になってしまった。果物もみかん、りんご、梨、ぶどう、柿など十分な生産力があるのに、自給率はなんと40％に過ぎない。消費者が輸入のバナナやグレープフルーツ、オレンジなどを欲しがるからである。国産品のオフシーズンにはぶどうやりんごも輸入されるのである。消費者の安値志向とわがままな嗜好が国内で十分に自給できる野菜や果物までもを輸入させることになり、生産農家を苦しめている。

農業だけでなく漁業も厳しい状況に直面している。魚介類の自給率は64％になり、50年前に80万人であった漁業人口は今や18万人に減少し、水産物の総生産額は１・６兆円に減少している。酪農家の数も41万戸から３万戸に減少している。このように国民が必要とする食料の大半を輸入に依存していては、不測の事態が発生したときに国民の食料が確保出来るかどうか心配である。農林水産省の試算によれば、食料が海外から全く輸入できなくなった場合、国内農地、５００万ヘクタールだけでは１人１日あたり米、麦、芋を中心に１７６０キロカロリーの食料しか供給できないという。

我が国の食料自給率が低いことが問題視されるようになったのは、平成になってからである。それまでなんとか50％以上を維持していた総合食料自給率（カロリーベース）が平成10年に40％に低下して、これでは食料の安全保障ができないと心配されはじめた。その数年前、平成5年に米が大凶作になり東南アジア諸国から外米を緊急輸入するのに大変苦労した苦い記憶がよみがえった。既に昭和30年代後半から総合食料自給率は70％近くに低下していたが、食生活が洋風になって製パン用の小麦、食用油を搾るトウモロコシや大豆などを多量に輸入しなければならないのだから仕方がないと軽く見過ごされていた。しかし、突然、米不足が生じたことにより、近い将来、世界的な食料不足が生じたなら日本へ食料を輸出してくれる国はどこにもないことに気づかされたのである。

その頃、国内の耕地面積は水田、２６４万ヘクタール、畑２１８万ヘクタール、合計４８２万ヘクタールに減っていた。米が生産過剰になったため減反政策が始まり、90万ヘクタール弱の水田は作付けが行われなくなり、中山間地には耕作を放棄した耕地が34万ヘクタールにも増えていた。そこで、農林水産省は新農業基本法（食料、農業、農村基本法）を施行して、平成12年から27年までに（その後、37年までに期限延長されている）総合食料自給率を45％に戻すことを計画した。水田休耕地を利用して小麦、大豆、飼料作物を増産することを奨励したのである。しかし、国内産の小麦や大豆は生産価格が高くて輸入物に競争できないので増産は計画通りに進まず、それから20年経った今日でも食料自給率は40％に低下したままで回復する兆しがない。食料自給率を回復させるには、農家の経営に競争原理を導入し、耕地を生産効率の良い大規模農家に集約して生産コストを引き下げ、内外価格差を縮小する必要があることはいうまでもない。しかし、例え、小規模農家の狭い農地を集約して50ヘクタール規模で米を栽培するとしても、生産コストは半分にしか下がらず、カリフォルニア米より3倍も高い。

現在、アフリカ諸国などでは8億人が飢えていて、餓死する子供が毎年、500万人もいるという。それなのに、世界人口の2%を占めるに過ぎない日本人が世界市場に出回る食料の10%に相当する6000万トンもの食料を平気な顔をして輸入している。日本の食料輸入総額は年間約670億ドルであるから、1ドルを100円に換算すると6・7兆円、国民一人あたりにしてわずかに53000円で済む。自動車や電気製品などを輸出して外貨を稼いでいた高度経済成長期には、食料が足りなければ国内で無理をして増産するよりは安い海外農産物を買えばよいと考えて過ごしてきたのである。しかし、今後は世界の食料需給が危機的に逼迫してくるから、これまでのような大量の食料輸入を続けて行けるかどうか心配になる。

すでに10年前から輸入穀物の価格が高騰し、国連食糧農業機構（ＦＡＯ）の食料品価格指数はそれまでの2倍になっている。世界人口が急増し続けていること、世界第2位の経済大国になった中国が大豆を大量に購入し始めたこと、それに加えて石油の代替燃料、バイオ・エタノールの原料に使われるトウモロコシが増えてきたことなどが原因である。魚介類の輸入も難しくなった。近年、魚は脂肪が少ない健康食材だと見直されて、欧米での需要は3割、中国では5倍に増えている。従って海外での魚介類の買い付け価格が上昇し、北米産のマグロやカニ、ノルウェー産のサバ、モロッコ産のタコなどはこれまでのような安値では買えなくなっている。平成6年にはアメリカから輸出される水産物の65%を日本が買い付けていたが、平成16年には24%しか買えなくなった。

このように、食料が買えなくなるのは戦争などの非常時に限るわけではない。これまで

水産物の輸出先の変化

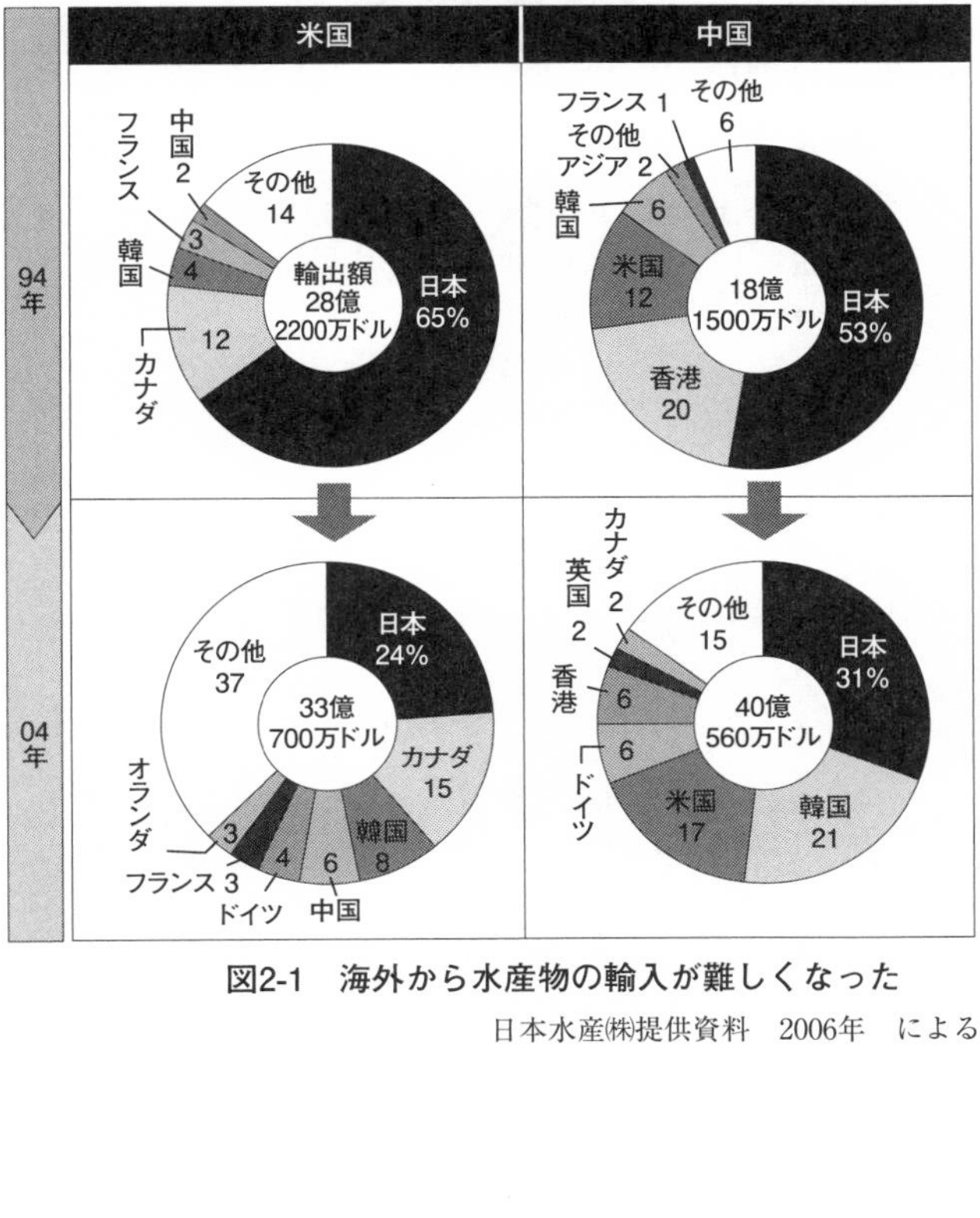

図2-1　海外から水産物の輸入が難しくなった

日本水産㈱提供資料　2006年　による

のように、世界中から食料を欲しいだけ買い集め、飽食できていた時代はすでに終わろうとしている。

このように世界の食料需給が逼迫してくると、我が国は今後も海外からの食料輸入を安定的に続けることを優先的に考えなければならない。そのためには、海外の食料輸出国と経済連携協定（ＥＰＡ）や自由貿易協定（ＦＴＡ）を結んで友好的な貿易関係を築き、今後の食料輸入を担保しておくことが必要である。ところが数年前、太平洋を囲む12か国間の自由貿易協定である環太平洋経済協定（ＴＰＰ）への参加を巡って賛否両論があった。近年、農産物の輸入関税の撤廃を迫るＷＴＯの圧力が日本の農業を苦境に追い込んできたことは事実であり、海外農産物に課している現行の輸入関税は国内農業を維持するための最後の一線である。だから、農林水産省はＴＰＰに参加すれば農産物の輸入関税が撤廃されて国内農業が大打撃を受けると参加に反対したのであるが、それではいけない。近い将来に世界的な食料不足が訪れてくることを考えれば、この際は積極的にＴＰＰに加盟して食料を輸出してくれる海外諸国と友好的な貿易関係を確保して、国民の食料の安全保障をすることを優先しなければならない。農林水産省は当初、ＴＰＰが締結されて農林水産物１８００品目の関税が撤廃されると、安い海外農産物が今以上に流入して食料自給率は14％になり、国内農水産業の生産額は４兆円減少すると危惧していた。しかし、幸いその後の交渉によって2千億円程度の減少で済むことになった。ＴＰＰに反対するよりも、ＴＰＰに参加しても耐えていけるように、国内農業の根本的な体質改善を急ぐのが本筋である。

なにはともあれ、将来の食料を安定的に確保することは国家の最重要課題である。狭い国土に多くの国民が暮らして豊かな食事をするのであるから、必要な食料を完全自給することはとても無理ではあるが、さりとて食料自給率が40％というのは先進国としてはいかにも情けない。せめて60％ぐらいは確保しておきたいが、頼りにする国内の農業生産は依然として回復する見込みがない。となると、現在の無駄の多い食生活を自粛するより外に道はないのである。脂肪の摂取過多になっている現在の食事を見直し、肉料理や油料理をセーブして40年前の日本型食事に戻せば、自給率は50％に回復し、同時に肥満や生活習慣病も解消する。さらに、年間２０００万トンにも増えている食料の廃棄を減らし、食べ過ぎ、飽食している食料１０００万トンをなくすれば、食料自給率は60％ぐらいに回復するのである。ご飯を中心にして魚と野菜を食べる和食は食料自給率の回復に役立つのである。

今後は、いかに自給し、いかに輸入するかに加えて、いかに消費するかが大きな課題になるのである。消費者が無駄の多い食生活を自粛しない限り、将来の食料の安定確保はおぼつかない。今後は農水産物を値段が安い、高いで選択するのではなく、国内の農業、水産業、畜産業が維持できるように配慮して選択することが必要になる。

2　なぜ日本の農業はここまで衰退したのか

我が国の農家は耕地が平均２ヘクタールと狭くて、十分に機械化できず、労賃も高いので、農産物はどれも生産コストが海外諸国に比べて著しく高い。米は11倍、小麦は10倍、牛肉や野菜でも2～3倍は高い。だから、安価な海外農産物が大量に輸入されると競争することができないのである。

苦労して栽培した農作物を生産コストに見合った価格で販売することが難しいのだから、農家は生産意欲を失い、農業だけの収入では生活することができなくなっている。農家戸数はこの50年間に5分の1の120万戸に減少し、農畜産業の生産額は昭和60年の11・6兆円をピークとして2割も減少して、現在は9・2兆円である。トヨタ自動車グループの売上高の3分の1にも足りない産業規模なのである。農畜産業の生産量は、昭和35年には年間4700万トン、金額にして1・9兆円であり、国内総生産（GDP）の11％を占めていたが、それから55年経った平成28年には生産量は5000万トンを維持し、生産金額は9・2兆円に増加しているものの、国内総生産に対する比率は僅かに1・6％に低下している。国内農畜産業は高度経済成長から取り残されてしまったのである。

敗戦後間もない昭和30年には農業人口は1932万人であり、全

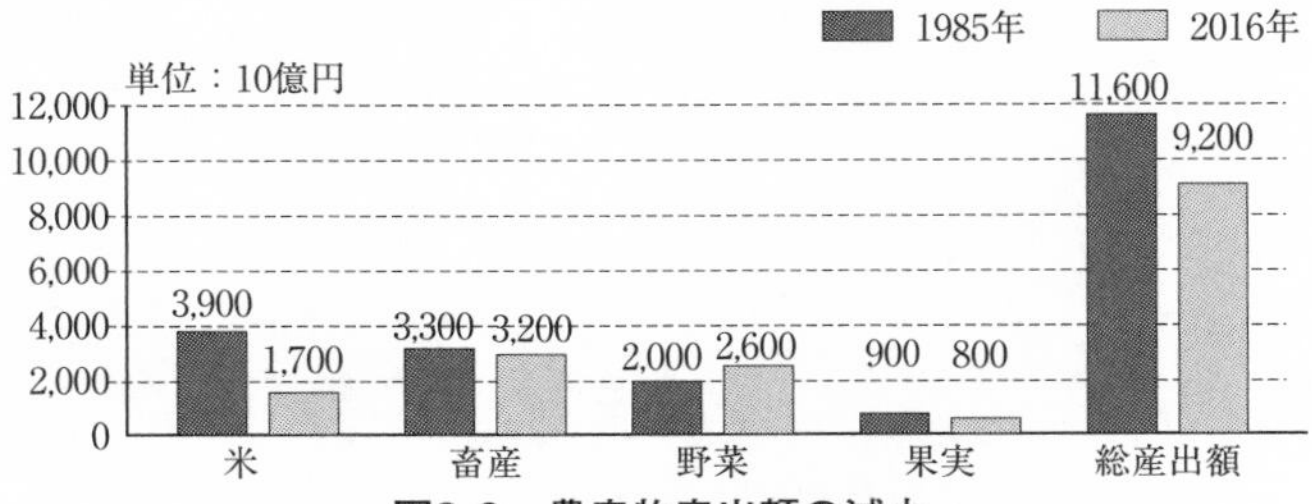

図2-2　農産物産出額の減少

農林水産省　生産農業所得統計　による

人口の22％が農業に従事していた。ところがその後、農業人口は急速に減少して現在では１４５万人、全人口の１％余りに激減している。世界のどの国でも工業化が進むと農業人口が減るから、農業国であるアメリカでも、フランスでも農業人口は全人口の１％余りであり、日本と大きな違いはない。しかし、日本のように農業そのものの産業規模が衰退したのは異常であり、それには特別の事情があるのである。昭和40年当時、６００万ヘクタールあった農地は高度経済成長期に宅地、工場用地、道路などに転用されて減少して、現在では４４４万ヘクタールになり、全農家戸数は５６７万戸、農業就業人口は１１５１万人から、それぞれ１２０万戸、１４５万人に激減した。農産物を市場に出荷している「販売農家」であってもその大部分は小規模農家であり、市場に出回る農産物の６割は耕地が５ヘクタール以上ある大規模農家や農業法人など62万戸によって生産されている。

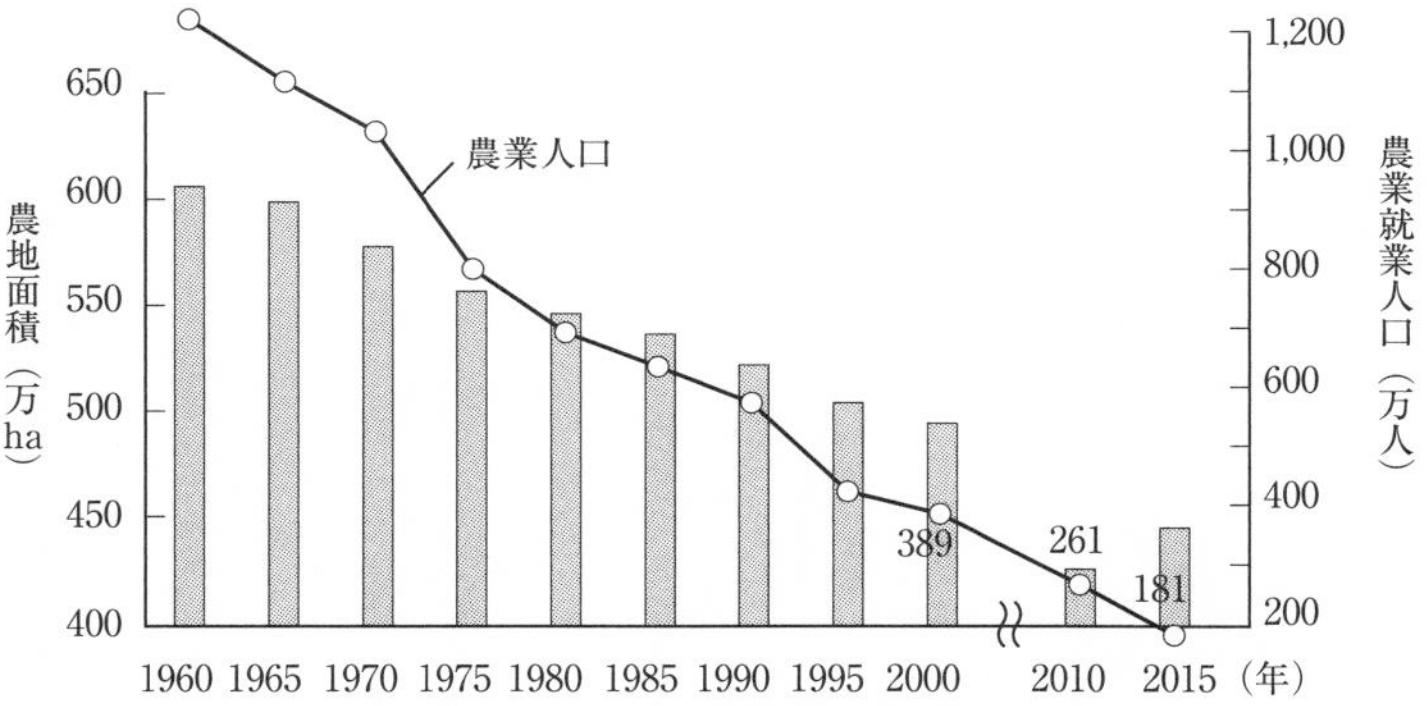

図2-3　農地面積と農業人口の減少が続く

農林水産省　耕地及び作付面積統計　による

平成13年度の農村白書によると、耕作面積が2ヘクタール程度の平均的な米作り農家の年間総所得は平均828万円であるが、そのうち農業粗収入は351万円、経費を引くと農業所得は108万円に過ぎない。農業だけでは生活できないので、販売農家の8割が兼業であり、給与や年金などの農外収入で家計を維持して、そして農業を続けているのである。その後、平成23年度の調査をみても、平均農業所得は143万円であり、それほど増えていない。1ヘクタールあたりの労働時間を年間780時間とすると、農家の労働は時給にすれば777円にしかならないという。

だから、農家は後継者が見つけにくく、農業従事者の7割近くが65歳以上の高齢者であり、40歳代以下は1割もいない。平成7年には高齢者の割合は40％であったのだから、この20年間に急速に老齢化し、もう農業を止めるか、それでも続けるか、農家は難しい選択を迫られている。そのため、休耕地が100万ヘクタールに増え、耕作放棄地が42万ヘクタールに増えて、貴重な耕地が有効に利用されなくなっているのである。僅かに145万人の農民と18万人の漁民が1億2600万人の台所を懸命に支えている実情をどう考えたらよいのだろう。

今一つ、農家を苦しめているのは複雑な食料需給システム（フードシステム）である。国民全体がスーパーマーケットや小売店、外食店を通じて飲食のために使ったお金は約76兆円であるが、その内で農産物や水産物を出荷した農家や漁労者の収入になるのは9兆円、全体の12％に過ぎない。農業先進国アメリカではこの比率は20％である。昭和45年にはこの食料需給システムの経済規模は15兆円であったが、農水産業はその35%を占めていた。その後の40年間に食料を生産する農水産業に比べて、食料を加工する製造業、運搬、販売する流通小売業、料理を提供する外食サービス業の経済規模が急速に拡大したのである。昔は命をつなぐために自給自足していた食料が、今は経済活動のための商品となり、それを大量生産、大量消費する食品加工産業、流通小売り産業、外食サービス産業が大きくなり過ぎているのである。

たとえば、農家や漁労者が生産した生鮮食料は複雑な流通経路を経て消費者に届けられる。全国各地で生産された野菜や果物は消費地の卸売市場に集められ、卸売業者のせり売り、入札によって価格が決められる。そして、仲卸業者、売買参加人を介してスーパーマーケット、青果店などの小売店に買い取られて、消費者に販売される。野菜

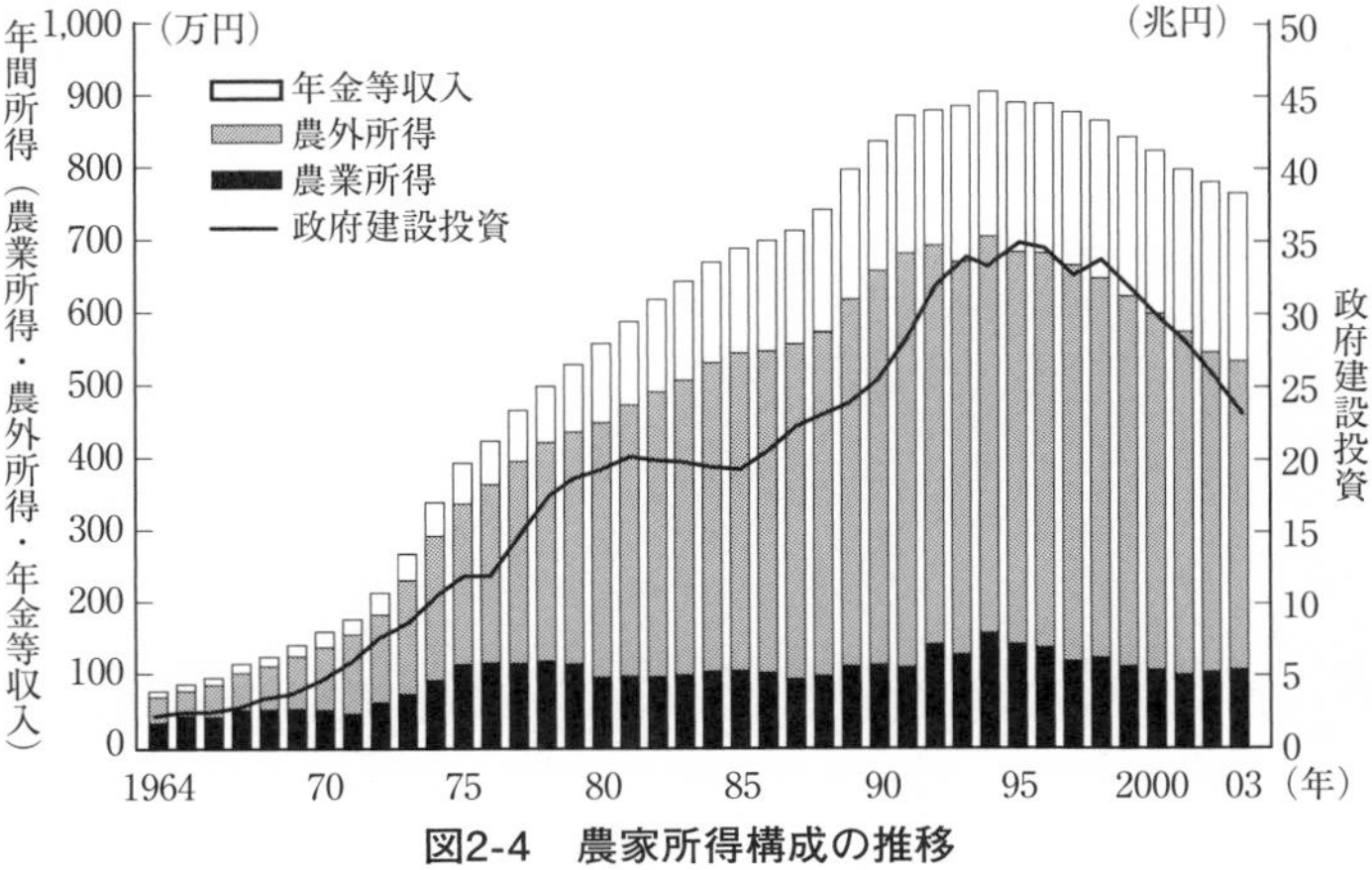

図2-4　農家所得構成の推移

資料　農林水産省　農業経営動向統計、国土交通省　建設投資見通し
神野直彦ら「分かち合い社会の構想」岩波書店　2017年より転載

や果物、水産物ともに流通が全国規模に広がり、市場価格は生産地とは関係なく消費地側の都合で決まる。その結果、生産農家の手取りは消費地での小売価格の30%前後にまで少なくなることが多く、赤字になることもある。生産者は自分で生産したものの価格を自分で決めることができないから、生産費に見合う利潤を得ることが難しい。

将来の食料を安定的に確保することは国家の最重要課題である。食料需給経済が地球規模に広がっている現代にあっては、グローバルな輸入とローカルな自給の組み合わせを長期的にコントロールすることが必要になる。国内農業を活性化して、国民が必要とする食料を少しでも多く自給するために、政府はこれまでに様々な農業振興策を実施してきた。農家が生産物を加工、直接販売する農業6次産業化、農家経営の法人化、株式会社の農業参入、国産農産物の輸出促進、若者の就農支援などである。その結果、農家や農協が行う加工、直販事業の年間販売額は1・9兆円、農水産物の輸出額は0・9兆円に増えたが、大規模の農業法人はまだ全販売農家の1%と少なく、新規就農者はこの数年、年間6万人を超えることがない。

国民が必要とする食料を自給できていないために国内農業の評価は低いが、日本の農業の生産力は決して悪くないのである。約5000万トンの農産物を生産することができるその実力は、生産金額にすると中国、インド、アメリカなどに次ぐ世界第8位であり、農地1アールで生産している食料をカロリー換算して比べれば、世界で一番多いのである。しかし、農家一戸あたりの耕地が狭く、しかも労働賃金が高いために、生産物の価格が高く国際競争力がないのが大きな弱点なのである。

農産物の流通がグローバル化したことにより国内農業が衰退する現象は、日本ほど激しくないがヨーロッパ諸国でも同じように起きている。そのため、ＥＵ諸国では国家予算の５％程度の政府補助金を投じて国内の農業を支援している。国民の食料の安全保障をすることは国家の基本的な責務であると考えているからである。フランス、イギリスでは、農家一戸に数百万円の補助金が支給されるので農業生産が回復し、一時は45％に落ち込んでいた食料自給率が70％に復活した。ドイツでも同様に65％から90％に復活している。農家の所得に占める政府の補助金の割合は、フランスやイギリスでは9割、アメリカでも7割になるのである。ところが、日本の農家補助金は毎年1兆円足らずであり、国家予算（一般会計）の1％にもならない。例えば、１ヘクタールを耕作する米作り兼業農家であれば、減反政策協力金、戸別所得補償金、米価共済受取金などを合せて53万円の補助金を受け取るに過ぎない。しかも、日本の農業支援政策は従来から米作り中心であるので、野菜農家などには政府補助金がほとんど出ないのである。

３　国内の農業を活性化させる消費者運動

20世紀初頭の世界人口は16億人であったが、その後、開発途上国の人口が爆発的に増えたので現在は76億人であり、２０５０年には90億人になると予想されている。ところが、この急増する人口を養うのに食料の生産が追い付いていない。現在、地球上で生産している22億トンの穀物で養える人口は80億人が限界と考えられる。農耕地はすでに拡大し尽くし、反当り収量もこれ以上には増える見込みがないので、これ以上に増産したくてもできなくなっている。地球人口が90億人を超える21世紀半ばには世界的な食料不足が訪れてくることが必至である。

近い将来に世界規模での深刻な食料不足が生じる原因は、開発途上国の爆発的な人口増加だけではない。大規模に集約された工業化農業を持続するのに必要な自然環境が危うくなりかけているのである。土壌の汚染と劣化、二酸化炭素濃度の上昇、オゾン層の破壊などによる気候の異常な温暖化現象、水資源、化石燃料資源の不足などが地球規模で拡大して農業生産を脅かし始めている。どれかの要因が臨界点を超えれば、膨張しきっている世界の食料需給システムは一挙に崩壊する。

来るべき世界的な食料危機がいつどのような展開を見せて訪れるかは誰も予測することができない。しかし、訪れたならば最も大きい打撃を受ける先進国は、国民の食料の6割を輸入に依存している日本である。そこで今後、頼りにしなければならないのは国内農業であるが、これが、耕地が狭く、労働力が高いために生産コストが高く、安い輸入農産物と競争できないというハンデキャップを抱えてすっかり衰退してしまっている。国内農業を近代産業として復活させるのは容易ではないことは既に述べたとおりである。

しかし、日本の原風景ともいうべき美しい田園を維持しながら国内農産物の約2割を生産しているのは、耕地面積が1ヘクタール以下の零細農家140万戸であることを忘れてはならない。今後の農業対策は農地を大規模農家に集約して近代化することを考えるだけではなく、地域の小規模農家を活性化して維持することを考えるのも重要である。つまり、マクロとミクロの農業活性化対策が必要なのである。そのために、平成27年に都市農業振興基本法が施行され、都市環境を良好に保持するのに役立つ都市農業の安定的継続を図ることになった。次第に宅地化されていく市街化区域で営まれている小規模農業を支援するのである。現在、市街地で農業を続けている農家は23万戸、その農地面積は合計7万ヘクタール、その推計生産金額は455億円であり、全国農業の約0・5%の規模を占めているると考えてよい。

地元の新鮮な農水産物を購入したいという消費者は多い。その時によく利用されるのは地域農家の農産物直販所である。そこでは農家が自家用に栽培した野菜の余りや出荷できない規格外の野菜などを持ち込んで売っている。その日の朝に採れた野菜であるから新鮮であり、生産農家の名札、顔写真も付いているので安心できる。直販所は全国に25000か所ほどあり、その総販売金額は年間約1兆円であると推定される。これは全国の農産物生産額の10%になるから少ない金額ではない。その外にも、特定の地域で生産される農産物を高付加価値化する試みが行われている。例として、魚沼産コシヒカリ、ひとめぼれ、あきたこまちなど食味の良いブランド米の拡売、京野菜、江戸野菜など伝統野菜の復活、松阪牛、鹿児島の黒豚、栃木のいちご、長野のぶどうなど地域農産物ブランドの育成がそれである。

国内の農家を応援する今一つの方法は有機農産物を普及させることである。世界的に有機農業（オーガニック運動）が注目され始めたのは１９９０年代である。日本では２０００年（平成12年）に有機農産物認証制度が発足した。無農薬、無化学肥料で有機栽培した農産物は登録認定機関の検査を受けて、「有機農産物」と表示した有機ＪＡＳマークを付けて販売できる。有機農産物であると認められるには「種子を蒔く時までに2年以上化学合成農薬や化学肥料を使用していない農地で、無農薬、無化学肥料で栽培」しなければならない。そして、原料の95％以上に有機農産物を使用して、食品添加物や化学薬剤を使わずに加工した食品は「有機農産物加工食品」のＪＡＳマークを付けることができる。

完全に無農薬、無化学肥料で行う有機栽培農業は環境や自然の生態系に優しいが、現実には実行しにくい。化学農薬や化学肥料を全く使わないと病虫害が発生し作物の生育が悪く、収穫量が激減するので農家は有機栽培を敬遠する。我が国の夏は多雨、高温、高湿度なので病虫害が多く、冷涼なヨーロッパに比べると農薬を使わない有機栽培が困難である。堆肥を鋤き込み、雑草を抜きとり、害虫を摘まみ除くなど、手間が余計にかかるから、小規模な農業でなければ実施できない。米つくりであれば、収量が20％減少し、労働時間は50％増加するから、収穫した米は75％も値上げしなくては引き合わない。ところが、そのように高い値段では消費者が買ってくれない。有機農産物が安全で環境に優しいことはよく知っているが、いざ、買うとなると農薬が使われていても安く、虫食い跡のない野菜を選ぶのである。また、有機農産物は生産量が少なく大量流通ルートに乗らないので、買いたくても近所のスーパーには見当たらない。ＪＡＳ認定を受けて有機農産物を生産している農家は全国で５０００戸、その作付面積は1万ヘクタール、生産額は約１２００億円であり、有機ＪＡＳマークを付けた農産物は市販されている農産物の僅か０・18％に過ぎない。

しかし、有機認証を受けられる有機栽培ではないが、農薬や化学肥料の使用量を従来の慣行農業に比べて減らした減農薬、減化学肥料栽培ならば、実施している農家は50万戸以上あると推定される。ごく最近の報告によると、有機栽培食材のみを食べている人の尿中に検出されるネオニコチノイド系殺虫剤6種類の濃度は０・３ｐｐｂであり、スーパーの食材を食べている一般の人の５・０ｐｐｂより94％も低いことが判明した。ネオニコチノイド系殺虫剤は使いやすい農薬として最近の30年間に使用量が7倍、年間４００万トンに増えている。

有機農業は小規模で行い、その生産物を地元の消費者に販売するのでなければ成立しにくいから、これを広い地域で実施するのは容易ではないのである。それでも、世界的に見ると有機農産物市場は２０００年から２０１０年にかけて3倍に増加している。２０１２年の調査では、有機農業を実施している農地は３７００万ヘクタール、農家は１６０万戸、生産額は６００万ドル（５・２兆円）であり、北アメリカ、ドイツ、フランスがその大部分を占めている。ＥＵ諸国では有機栽培は環境保護に役立つという名目で多額の補助金を出して奨励しているので、1000万ヘクタールの農地で有機栽培が行われている。食料自給率が低い日本でこそ、将来の食料危機に備えて政府が補助金を支出して有機栽培農家を増やさなければならないのであるが、それが実行できていない。

地域の農業を活性化するためには、私たち、消費者がそこで生産される農産物をより高い値段で購入して支援することが欠かせない。かつて日本には「身土不二」という言葉があった。自分が住んでいる土地で採れるものを食べていれば健康に暮らせるという意味である。戦前までの食生活は地域の自給自足を原則として営まれ、地域の気候、風土に適した特産農産物や魚介類を食べ、特色のある郷土料理を楽しんでいた。ところが、戦後は生鮮食材の流通が全国規模で行われるようになり、海外からも輸入されてくるものも多い。スーパーマーケットやコンビニなどが発達し、全国どこでも似たような品揃えで販売するから、各地の住民が全国共通に同じものを食べるという状態になった。その結果、各地の郷土料理は姿を消し、特産農産物を大切にする習慣も失われてしまったのである。

今日では昔のような地域内の自給はとうてい無理であり、私たちは季節に関係なく、全国各地あるいは海外から運ばれてくる食料で暮らしている。そこで、遠隔地から運ばれてくる野菜や果物を敬遠して、地場で採れた旬のものを地元で消費しようとするのが「地産地消運動」である。地場の野菜や果物の消費量が増えれば、その地域の農業が活性化して野菜や果物の生産が回復することになる。学校給食で地場の農産物を使用しているところは27%に増えている。また、東京のスーパーでは地元の朝採り野菜の販売が年々15%で増えているという。地産地消は遠距離輸送に使う多量の石油燃料を節約することになるから、地球環境保護にも役立つのである。

直近の半世紀を見てみると、海外の先進国で食と農をもう一度、地域に取り戻そうとする運動が盛んになってきた。地元産の食品だけを食べる「ローカヴォア運動」が北アメリカで生まれ、イギリスやカナダには「地域で支援する農業（CSA）」、フランスには「小規模農家を維持する会（AMAP）」、イタリアには「連帯消費の会（GAS）」などがそれである。どの運動も、産業としての効率化よりも環境負荷の軽減や食の安全性、地域の活性化を重視して地域農業を支援する市民運動である。イタリアで始まった「スローフード運動」は地方の伝統的な食文化や農産物を大切にし、守っていこうとする運動であり、日本の「地産地消運動」と同じ趣旨の消費者運動なのである。スローフードとはファーストフードに対抗するものという意味であり、工業化され過ぎた食料生産に反対するメッセージである。また、フェアトレード（公正貿易運動）は、途上国で生産された特産農産物を従来の安価な買取価格を上回るプレミアム価格で買い上げることにより、途上国の農産業を支援する運動である。日本でもアフリカで生産されたバナナ、焙煎カカオ豆、チョコレートなどがフェアトレード認証ラベルを付けてプレミアム価格で販売されている。日本の生活協同組合は、良心的な生産者により多くの利潤を保証することによって品質の良い生産物を提供してもらう消費者運動である。アメリカの各地で開かれているファーマーズ・マーケットは、地域の野菜、果物を生産農家から直接に買うことにより、作る人と食べる人のつながりを取り戻そうとする活動である。

日本の農業と農村が苦しい現状に陥ったのは農家だけの責任ではない。農業にあまりにも無知、無関心であったために、食料はいくらでも生産できるものと思いこみ、欲しいだけ食べて食欲を満たし、豊かな食生活を続けてきた都市の生活者にも責任がある。地域別食料自給率〈金額ベース〉という統計を見てみると、東京、神奈川、大阪などの大都市圏では自給率は数％しかないが、北海道、秋田、山形、青森などでは１２０～１８０％ぐらいの自給率がある。つまり、食料の生産地と消費地が完全に隔離してしまっているのである。昭和35年頃までは人口の75％が農村部で暮らしていたから、住民の殆どが農業になにらかの係わりを持っていた。いまでは人口の80％は都市部に居住しているから、身近に田畑での農作業や養鶏の様子などを目にすることがない。つまり、食料を消費することは知っていても、生産することは知らないのである。そのような都市の生活者が食料の生産状況について関心を深め、食生活の見直しに取組むためには、農作業や農村生活を実地で体験してみることが役に立つ。これまでは苦境を打破しようとして農家だけが苦しんできたのであるが、今後は消費者が農家や農村と交流し、生産者の苦労を実感して食料生産の責任を分かち合う農食共生の精神が必要になる。

例えば、小中学生には学校農園で野菜を栽培させたり、地域の農家の支援を受けて田植えや稲刈り、芋ほりなどを体験させるのがよい。既に小中学生の半数がなにらかの農業体験をするようになったという。欧米には都市住民の健康維持と休養を目的とする市民農園が多い。ドイツではクラインガルテンという1区画平均300平方メートルの市民農場があり50万世帯が利用している。ロシアにはダーチャという600平方メートルはある小屋つき菜園、スウェーデンにはコロニートレゴード、デンマークにはスワンホルム農場、イギリスにはシティファームがある。わが国では地方公共団体や農業協同組合が開設している市民農園が全国で4200か所、20万区画に増えている。定年後は田舎に移住して自給自足の農作業に親しみ、自然の中で健康に暮らしたいと思う中高年者が200万人はいるという。生産性の高い平野部の農地は農業法人や大規模農家に集約し、残りは家族が食べるだけのものを生産する自給農家と移住者のための農園などに開放すればよい。観光客にぶどう狩り、なし狩り、さくらんぼ摘みなどをさせる観光果樹園、子供が子牛や羊、ウサギなどと遊ぶ観光牧場などが増えている。工夫次第で農村と農業は観光資源にもなるのである。グリーンツーリズム、農繁期の農作業を手伝う援農ボランティアなど都市生活者と農村生産者との交流活動もにわかに増えてきた。グリーンツーリズムとは農山漁村に残されている美しい自然や懐かしい民俗文化、そしてそこの住民との交流を楽しむ農村滞在型の余暇活動のことである。

来るべき世界規模の食料不足は回避できそうもないが、だからといって、このまま無為に過ごしていてよいものでもない。国内農業を活性化する農業支援政策は政府や農業関係者に委ねる外はないが、消費者として農業に無関心な現在の食生活を改めることならばできるであろう。狭い国土を最大限に耕作して少しでも多くの農作物を生産することが必要になるのであるから、私たち消費者の一人一人がもっと広い視野で日本の食料環境を見つめ直し、国内の農畜産業を支援するように行動しなければならない。

第3章　グローバル化した食料経済システムの限界

1　グローバル化したアグリビジネスの成立

20世紀になって世界の国々に豊かで便利な食生活を実現したのは、世界規模に広がった新自由主義の資本主義食料経済システムであった。ところが最近、この巨大化した食料需給システム（フードシステム）がいくつかの限界に直面し、破綻し始めてきたのである。

そもそも、原始時代には食料は自給自足であったから、食料を作る人と食べる人は同じであった。しかし、人口が増えて集落ができると農作物や肉、魚の物々交換が始まり、さらに貨幣経済が広まると市場ができて商人が生鮮食料や加工品の販売を始めた。近代になると産業革命が起こり、製粉、缶詰、冷凍など食品の加工産業が興った。農村の生産者と都市の消費者は遠く離れて住むようになり、食料の生産者から加工者、運搬者、販売者を経て消費者に繋がる食料供給のルートが長く、複雑になった。

20世紀になると、農畜産業は急速に工業化し、食品加工業は食品産業になり、その製品を消費者に届ける小売業、飲食業が大規模になる。かくして、食料の生産から消費に至る食品関連産業の経済規模は拡大し、グローバルな規模に広がって、市場経済主義に基づく巨大な食料需給システム（フードシステム）が成立する。この資本主義フードシステムが成立する経緯を、経済ジャーナリスト、ポール・ロバーツが著書「食の終焉」において、アメリカ合衆国を舞台にしてドラマチックに解説しているので、その一部を抜粋、補足して紹介する。

19世紀の始めにトーマス・マルサスが予告した人口増加による食料不足を回避して、食料が有り余る豊かな20世紀を実現させたのは何であったのか。それは、食料供給チェーン（フードシステム）の徹底した工業化とビジネス化、グローバル化であったというべきであろう。

その最初は、鉄道や海上輸送の発達、冷凍輸送の技術開発によって、国際的な食料流通が可能になり、食料不足に悩んでいたヨーロッパの消費地と多量の食料を供給できるアメリカ、オーストラリア、アルゼンチンなどの広大な生産地が結ばれたことであった。例えば、アメリカ・フロリダ州で大量に収穫できるオレンジは、果汁にして濃縮、冷凍され、専用のタンカーで運ばれて世界各地で朝食の飲み物になったのである。

なかでも、アメリカはその中心的な役割を果たした。比較的穏やかな気候と降雨に恵まれたアメリカ中西部の広大な土地は肥沃であり、穀物栽培に理想的な条件を備えていた。広い農場には農業機械がいち早く取り入れられ、大量の穀物が生産できるようになった。広大な草原は牧場に変えられ、4千万頭を超える牛が飼育されてアメリカ人3人に牛2頭という状態になったのである。かくして19世紀半ばには、大量に生産された食料がアメリカ国内の食生活をにわかに豊かにするとともに、余った大量の穀物が食料不足に悩んでいるヨーロッパ各地に輸出されることになったのである。逆に言えば、食料不足に悩んでいたヨーロッパという産業地は、肉と穀物をアメリカという広大な生産地から取り寄せることができるようになったのであり、食料がグローバルに流通する経済商品になったのである。それまで何世紀もの間、ヨーロッパの国々では、食料はできる限り自分たちで生産し、どうしても足りないときにのみ移入するものだと考えてきた。しかし、人口が膨れ上がり、大陸内での食料の需要と供給が全くつり合わなくなると、この食料自給という観念はそのころ芽生え始めた国際主義に合わない時代遅れの考えにならざるを得なかった。

しかし、ヨーロッパに輸出される大量の食料は、アメリカの農業の生産性が向上した結果ではなく、広い土地を次々と農場と牧場に変え続けたことにより生みだされていた。人口増加に負けない速度で食料の生産量を更に増やすには、農業の生産性を高め、効率化を進めなければならない。そこで、トウモロコシや小麦の多収穫性品種が開発され、大量の化学合成肥料が投入され、トマト、きゅうりなどは機械で収穫しやすい品種に変えられた。農家や牧場主は生産物を自ら加工することを止め、穀物の製粉、果物や野菜の加工、食肉処理などを専門にする加工業者に任すようになった。かくして、伝統的な小規模農場は姿を消し、資本家、種苗会社、肥料会社に始まり、大規模農場、大規模家畜飼育場を中心にして、穀物商社や食品加工会社で完結する効率的な食料サプライチェーンが出来上がったのである。アグリカルチャーであった農業がアグリビジネスに変わったのである。

統一化、合理化、集約化された食の経済システムは、驚くほどの成果をもたらした。１８８５年にはアメリカの総人口の半数以上が農業に携わっていたが、１９８５年になるとその割合は３％で済むようになった。にもかかわらず、収穫量は4倍に増えたのである。１９８０年代半ばにはアメリカは世界のトウモロコシ収穫量の40％を生産するようになった。同じことは畜産業でも起こった。伝統的な畜産業では牛や羊が牧草を食べる広い牧場が必要であったが、大量に収穫できる穀物を飼料にして集中的に飼育すれば省スペース、低コストでより多くの食肉を生産できるのである。ここでも飼料工場から食肉解体工場までに至る効率的なサプライチェーンが生まれた。１９４５年にアメリカ人が１年間に食べる肉の量は57キログラムであったが、１９８０年には88キログラムに増えた。１９００年には平均的な家庭では収入の約半分を食費に当てていたが、１９８０年には農畜産業の工業化により食料が安くなり、その割合が15％にまで下がった。

巨大なフードシステムが成立した恩恵は欧米諸国だけではなく、世界各国に波及した。１９５０年から１９９０年までに、世界のトウモロコシや小麦などの穀物の生産量、食肉の生産量がどちらも３

倍に増えたお蔭で、世界人口が25億人から60億人へと2倍以上に増えたにもかかわらず、一人ひとりに行き渡る食物は1日2400キロカロリー未満から2700キロカロリー以上に増えている。そして、人口が世界のわずか5％でありながら、世界の食肉の6分の1、大豆とトウモロコシの約半分を生産できるアメリカ合衆国が、世界の食料市場を支配してこの素晴らしい成果をもたらした主役であったことは誰もが認めるところである。

ところが、この生産効率、経済効率を追求するアグリビジネスは、大きな矛盾を抱えていた。それは単位面積当たりの収穫量が増えれば増えるほど、市場に出る穀物量が増えて穀物価格が下がることである。農産物の価格が下落すると農家は利益を維持するためにさらに多くの生産をしなくてはならなくなり、その結果、供給過剰となった市場では更なる価格の下落を招く。小中規模の農場は維持できなくなり、価格の下落を量と効率で穴埋めできる巨大な工業化農場に吸収されていく。1980年代半ばにはアメリカの農産物総生産量の3分の2がそれまでの3分の1の農場で生産できるようになり、わずか数社の食肉加工業者が食肉市場の半分以上を牛耳るようになった。穀物市場ではカーギル社など三社による支配が進み、農家はこの三社が示す低い買い取り価格を受け入れる以外に選択肢がなくなった。農産物の価格が下落するにつれ、食品加工業者も利益を維持するために新しく付加価値をつける競争に駆り立てられた。過剰な食料生産のマイナス作用が現れてきたのである。

2　大規模な食品加工産業と小売り産業の出現

ポール・ロバーツの物語はまだ続く。

かつては、食料は農家や畜産家が生産し、加工して販売するものであったが、今は全く違う。ビジネス化されたアグリビジネスの誕生が近代的な食料供給システムの始まりであるとすれば、巨大な食品製造業の登場はその次の発展段階である。世界最大の食品・飲料メーカーであるネスレ社が誕生した1867年当時、食事はすべて家庭で準備され、主婦の労働時間の半分は食事を作ることに費やされていた。しかし、その後、彼女たちは食品加工会社に食事作りをゆだねることによりその面倒な労働から解放されるのである。欧米先進国でも、日本でも、産業革命が進むと農村部の住民は都市に移住して商店や工場で長時間働くようになった。自ら作物を育てる手段を失い、料理をする時間もなくなる中で、都市の住民が求めたものは簡単に手に入り、調理が楽ですぐに食べられる加工食品だった。

ゲイル・ボーデン、ヘンリー・ハインツ、ジョゼフ・キャンベル、ウイリアム・ケロッグなど食品企業家たちは、缶入りのコンデンスミルク、ピクルス、濃縮スープ、そして朝食用シリアルなどを市場に投入して成功した。ヨーロッパでも、粉末ポテトや固形スープなどが生産され、アンリー・ネスレーはキンダーミールという幼児用のシリアル、粉末コーヒー「ネスカフェー」を開発した。今日のアメリカでは、食品供給の60％が10大食品加工会社に独占されていている。さらに、加工食品をめぐる競争が激化し、便利な加工食品の需要が世界中に広まると、これらの食品加工会社はアジア、中南米市場へ進出した。

かくして世界中に広がる巨大な食品加工会社は、原料を供給する生産者に対して、また、製品を販売する小売業者に大きな支配力を発揮するようになる。例えばトマトペーストとトマトソースが冷凍ポテトに次ぐ北アメリカ第2位の野菜加工製品になると、トマト加工業者は顧客に安定した供給を保証するために、農家に長期契約を強引に結ばせ、トマトの栽培方法と収穫量を決めて農家を縛った。食品加工産業は農産物を加工して付加価値を付けることにより、農産物の生産者が手に入れられなかった大きな潜在的利益を取得することができる。小麦や大豆を栽培する生産者は自分の作物を差別化することが難しいから利益が少ない。ところが食品加工業者は、自社の商品の優れた品質や便利さで他社の商品を差別化することができるから、大きな利益を得ることができる。例えば、３４０グラム入りのシリアルはスーパーマーケットでの販売価格が３・５ドルであるが、原材料となる穀物の仕入れコストは25セントである。シリアル加工業者はスーパーマーケットの取り分、包装代などを除いても44％もの粗利益を得ることができる。１９５０年には、アメリカの食品価格の約半分が原料を提供する農家の取り分であったが、２０００年にはこれが20％以下に下がっている。かくして、巨大化した食品加工産業は、農場から消費者まで、言い換えれば土から食卓に到るまでのサプライチェーンの覇者になったのである。

その次に、この巨大な食料経済システムを牽引することになるのは、アメリカのウォルマート、フランスのカルフールなどのメガ・スーパーマーケットと、マクドナルド、バーガーキングなどのファーストフードチェーンであった。スーパーマーケットの店内には、冬であっても新鮮な野菜や果物、遠く運ばれてきたチリ産の鮮魚、骨なし鶏肉の徳用パックが、どれも呆れるほどの低価格で売られている。しかし、この消費者には有難い小売り革命は、サプライチェーンの上流に位置する生産者や加工業者の大きな努力と犠牲の上に成り立っている。少し前までは食品メーカーが、利便性や娯楽性などの付加価値を付けた対価として利益を上げていた。しかし、今度は巨大な小売り業者が、それに豊富な品揃えや、年中入手できるなどの利便さを上乗せして利益を得るようになったのである。彼らはその巨大な販売力に物を言わせて、世界中に広がるサプライヤーにより新鮮なもの、より品質の良いもの、より便利なものを、しかもより早く、大量に、より安い値段で要求するのである。

巨大化した小売りシステムからの容赦のない値下げ圧力を乗り越えるために、食品メーカーは生産者により新鮮な農作物や肉をより安く求めるだけでは足りず、より効率的な設備、より効率的な労働、より効率的な製品を追求して徹底したコスト削減をしなくてはならなくなった。スーパーマーケットは、売り場に値札をスキャンすることで自動的に仕入れと売り上げを管理できるＰＯＳシステムを導入して、店の棚には最大の収益を生みだせる商品以外は一切置かせないようにしている。今や、ウォルマートはアメリカ最大のスーパーマーケット・チェーンであり、アメリカ人は食料品に支出する金額のなんと20％をウォルマートで使う。ウォルマートなどスーパーマーケットはアメリカの食料品小売市場の70％を支配するようになった。

外食産業も食肉業者に大きな支配力を持つようになった。ファーストフード帝国を築き上げたマクドナルド社がヘルシーで価格の安い鶏肉に目をつけてチキン・マックナゲットをヒットさせたことにより、鶏肉の需要が大幅に伸びて大規模なブロイラー鶏舎がアメリカ南部に次々に建てられた。しかし、養鶏業者は度重なる値下げを要求されるので、販売した鶏肉450グラムにつき2セントの利益しか得られていない。鶏肉に市場を侵食されて養豚業者の数は最近の20年で1割以下に減少した。……

3　日本でも食料需給システムが膨張し過ぎている

全く同じようなことが、同じような経緯で、日本でも起きた。第1章、第2章で説明したように、第二次大戦直後の日本では農業生産力が戦前の6割程度に低下して深刻な食料難に陥っていた。そこで、化学肥料と化学農薬を活用して農作物の大増産を行い、収穫量を3倍以上に増やすことができた。農業労働力の不足は機械化することで補い、それでも不足する食料は海外から輸入して補うことにした。贅沢になった消費者の要求に応えるため、野菜、トマト、いちごなどはハウス栽培、温室栽培が進み、年中変わりなく供給できるようになった。農畜産物の供給量は金額にして昭和35年には1・9兆円であったが、昭和55年になると13・5兆円に増加し、戦前とは比べものにならないような豊かな食料が供給できるようになったのである。しかし、その食料の全てが国内で生産できたのではなく、その半分近くは世界規模に広がった食料需給経済システムを通じて輸入することで補っているのである。

日本の食生活を戦前とは比べものにならないほどに便利にしたのは、戦後、食品加工会社が次々と開発した便利な加工食品である。飲料、調味料、パン、菓子、冷凍食品、即席食品、総菜などすぐに使える加工食品が急激に増えた。戦前の食材はほとんどが生鮮食料であったが、戦後は次々と便利な加工食品が開発され、忙しい主婦が調理をする苦労を軽減したのである。家庭で購入される食材の内訳をみてみると、加工食品への支出は昭和55年には48％であったが、平成8年には61・3％に増えていて、米や大豆などの穀物は6・2％、精肉、魚、野菜など生鮮食材は32・5％に減っている。購入する食材の実に3分の2が加工食品に変わったのである。穀物、野菜や魚介類など農水産物の生産額は輸入品を含めて15兆円であるが、加工食品の生産額はその2倍、30兆円である。食品加工産業の経済規模は昭和40年ごろには5兆円であったのに、その後、急成長して30兆円規模になり、自動車産業に次ぐ大きな製造業に発展したのである。

それに加えて、大きく発展したのは食品スーパーマーケットとコンビニエンスストアである。現在、食料品の小売り総額は45兆円であるが、そのうち、食品スーパーが13兆円、コンビニが12兆円を占めている。スーパーとコンビニだけで生鮮食料品、加工食料品の6割が販売されているのである。外食産業も大きく発展した。大阪万博が開かれた昭和45年に、外資系のファーストフード・ショップやファミリーレストランが相ついで日本に進出してきた。それまで生業、家業として家族規模で営業していた飲食店業界にフランチャイズ・チェーン経営の「外食産業」が加わったのである。それまで売上高が2兆円もなかった飲食店業は、50年後の現在、26兆円規模の外食産業に発展している。今や、外食店の数は人口一人あたりで比較するとアメリカの2倍にもなるという活況なのである。平成12年度の家計調査によると、家庭の食料費の10％が中食など調理済み食品に、17％が外食に支出されているから、食事の3割が家庭外で摂られていると言ってもよい。この食の外部化比率は若年単身世帯になると7割にもなるという。今や、加工食品とスーパーマーケットや外食店がなければ、暮らしていけなくなったのである。

私たち日本人は豊かで便利な食生活を実現するために、食料や食品を資本主義経済の商品にして大量に生産し、大量に流通させ、大量に消費してきたのである。それは第二次大戦後の数十年間に素晴らしい成果をもたらした。もはや戦後ではないといわれた昭和30年から始まった高度経済成長が、食料需給の経済規模を20倍にも成長させて、誰もが食べることに困らない豊かで便利な食生活を実現させたのである。私たち日本人の豊かで便利な食生活を支えている農水産業、加工製造業、流通小売業、外食サービス業などの食品関連産業全体の経済規模は、現在、約76兆円に拡大している。昭和30年には４兆円規模であったから約20倍に成長、拡大したのである。平成23年において76兆円に拡大した農水産物の生産から消費者の消費に到る食料供給消費システム（フードシステムという）の内訳は、**図３－１**に示すように、農水産業が輸入を含めて11兆円、食品の加工製造業が33兆円、流通小売業が45兆円、外食産業が中食市場を含めて25兆円である。製品と流通経路が一部分、オーバーラップしているが、最終的に消費者が支払う金額は、生鮮食料品に12兆円、加工食料品に39兆円、外食に25兆円、合計して約76兆円である。昭和60年にはこの規模は61兆円であったから、平成の30年間でも１２５％に拡大したのである。

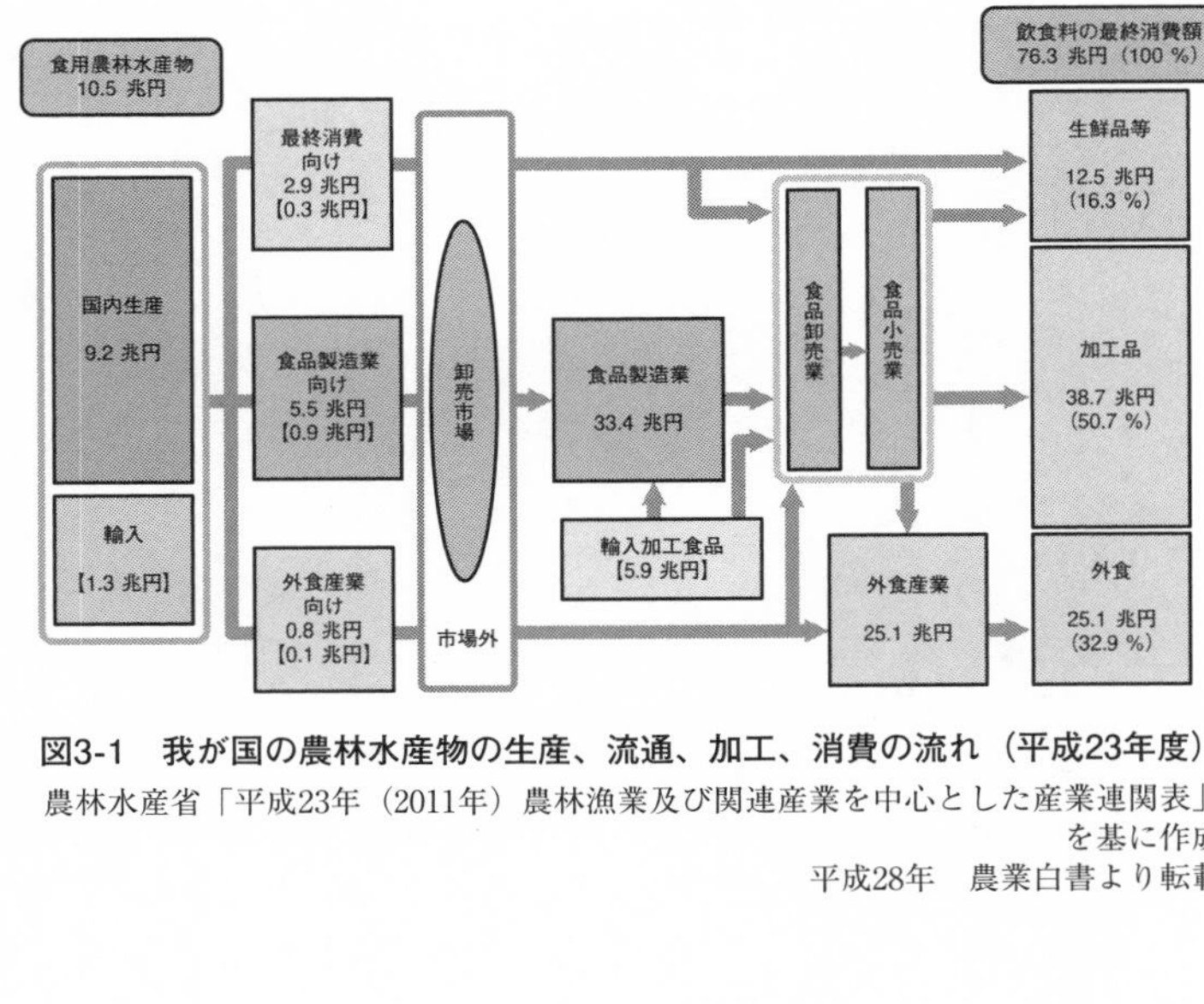

図3-1　我が国の農林水産物の生産、流通、加工、消費の流れ（平成23年度）

農林水産省「平成23年（2011年）農林漁業及び関連産業を中心とした産業連関表」を基に作成

平成28年　農業白書より転載

4　巨大化した食料需給システムが発生させた社会問題

しかし、その代償として具合の悪いことも起きた。なかでもグローバル化した食料経済システムの被害をもっとも大きく受けたのは国内の農業である。国内農業は耕地が狭く、労働コストが高いので農産物の生産価格が海外諸国に比べて高く、安い輸入農産物に対抗できないのですっかり衰退してしまった。足りない食料は無理をして国内で自給するよりも海外から安い食料を輸入するのがよいとしてきたためでもある。この対応は経済学者デヴィッド・リカードが提唱した「比較優位の法則」に適っていた。つまり、日本は最も効率よく生産できる工業製品を輸出して、生産性の悪い農産物、畜産物は海外諸国から輸入して調達するのが、双方の国の経済にとって好ましい結果になると考えてきたのである。12軒の米作り農家を犠牲にしても、1台の自動車を輸出するのが国の経済収支ではプラスになったのである。その結果、年間に5800万トンもの食料を海外から輸入することになったのであるが、それを可能にしたのはグローバル化した食料供給システムを利用することができたからでもあった。

国内の農水産業を苦しめている原因は、生鮮食料品の巨大で複雑な流通経路である。卸売市場は各地で少量、多品種に分けて生産される青果物、水産物を、消費地の大量需要に応じられるように一括集荷し、公正な市場価格を決めて、消費地の外食店や小売業者に小分け販売してくれるから、全国に散在する生産者と消費地の小売店や外食店をつなぐために必要にして便利な存在である。しかし、流通経路が多段階に分かれているために、それぞれの段階ごとに取扱手数料と輸送費などの経費が必要になり、それがすべて生産者の負担になることが問題である。卸売市場で決まった市場価格からこれらの流通経費を差し引いた金額が生産農家に支払われる。青果物、水産物ともに流通が全国規模に広がり、市場価格は生産地とは関係なく消費地側の都合で決まる。その結果、生産農家の手取りは消費地での小売価格の30％前後にまで少なくなることが多い。

生産農家はこれらの理由で生産コストに見合う利潤を得ることが難しくなり、国内の農水産業が衰退することになった。国内の農業総産出額は昭和60年の11兆6千億円をピークに減少を続け、平

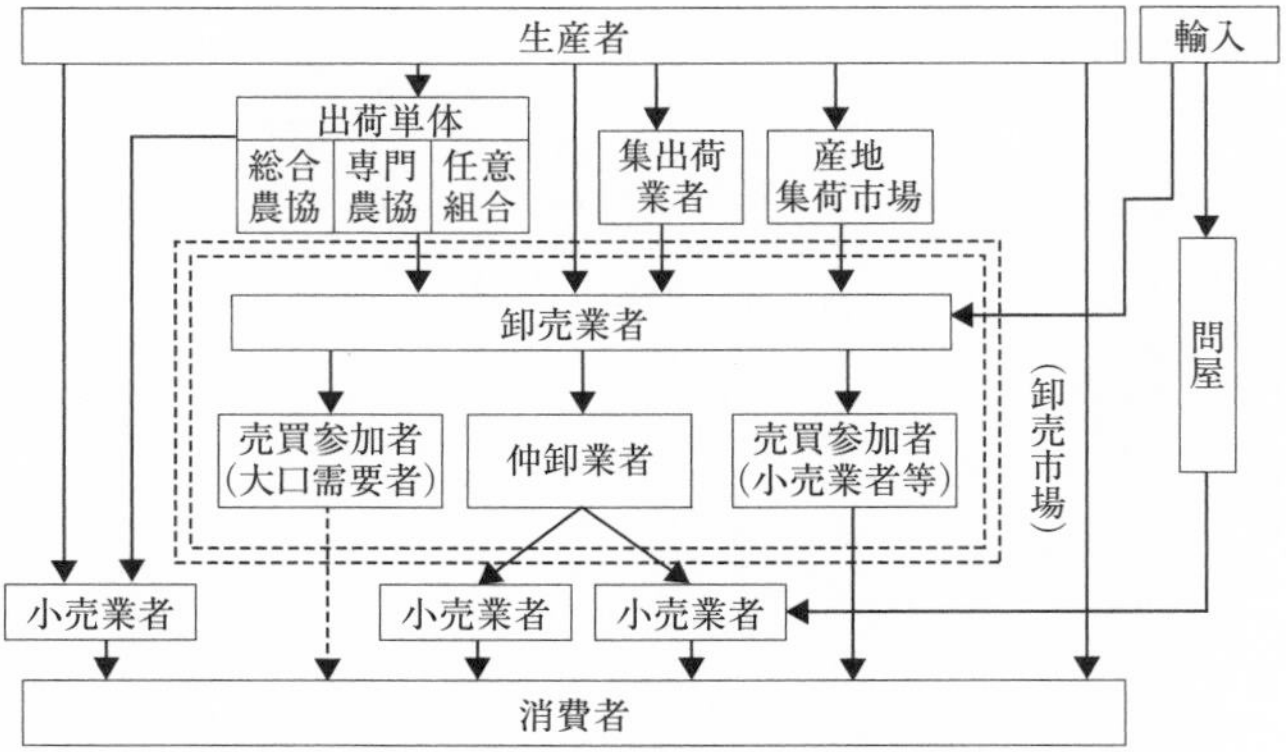

図3-2　青果物の複雑な流通経路

農林水産省『卸売市場関係資料』による
川島利雄ら「食料経済」培風館　2002年　より転載

成30年には９兆２千億円になっている。平均的な販売農家の農業所得は１０８万円に過ぎず、農業では生活できないので、販売農家でも８割が兼業農家であり、給与や年金で家計を維持しながら農業を続けている。農業だけでなく漁業も厳しい状況に直面している。50年前に80万人であった漁業人口は今や18万人に減少し、沿岸漁業者の平均年収は３００万円に足らず、漁業総生産額は１兆６千億円に減っている。

農業生産額は60年前には国内総生産の11%を占めていたが、平成28年度には国内総生産に対する比率は僅かに１・６%に減少した。高度経済成長が始まる直前、昭和31年の食品関連産業の経済規模は約４兆円で小さかったが、その35%は食料を生産する農家や漁業者に還元されていた。今はフードシステムの規模は約80兆円に拡大しているが、その10%が一

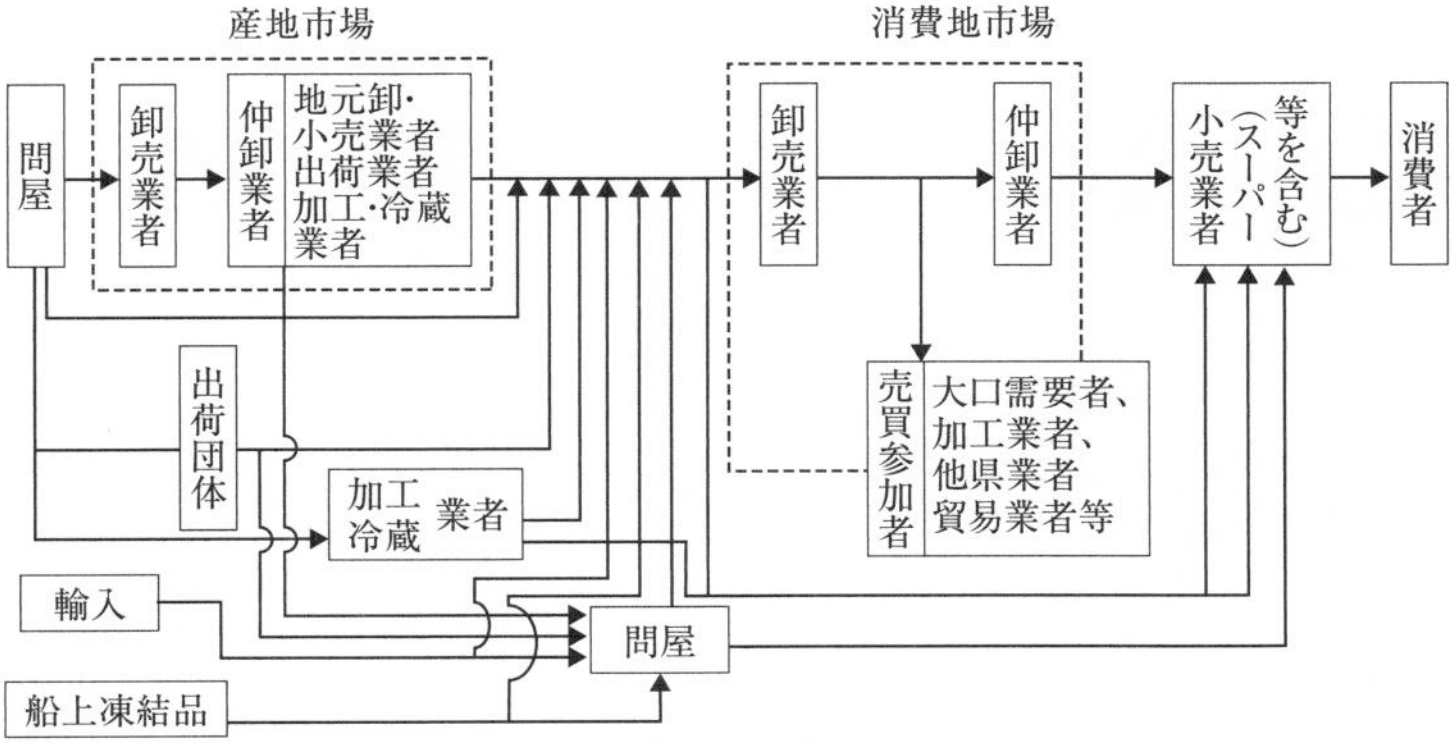

図3-3　水産物の複雑な流通経路

農林水産省『卸売市場の現状と課題』による
川島利雄ら「食料経済」培風館　2002年　より転載

次生産者に還元されるだけである。いくら科学技術が進歩しても人工では作れない食料を生産している農家や漁業者が報われなくなったのである。

このような経過で、食料を生産する農水産業に比べて、その食料を加工する製造業、流通させる流通小売業、料理を提供する外食サービス業が膨張し過ぎてしまっている。食料、食品は自給自足するものからお金で買うものになり、食事は家庭で調理するものから調理済み食品を利用するか、外食店を利用して済ますものに変わった。昔は命をつなぐために自給自足していた食料が、今や、巨大な食料経済システムの商品と化して金銭で売買されるものになり、そして、その膨張し過ぎた食の経済システムを支えるために、企業は宣伝や情報を使って私たち消費者に必要以上の食の豊かさと便利さを求めさせ、食料の過剰消費、無駄遣いを強いていると言ってよい。

そのほかにも、経済効率を何よりも優先する巨大なフードビジネスは、巨額の社会的費用を派生させていることを忘れてはならない。経済効率のよいフードビジネスのお蔭で食材や外食サービスの直接的な値段は安くなったが、食材、食品の価格に転嫁することができない外部性コストが発生して、最終的には公共体の大きな負担となっている。後で詳しく解説することであるが、農作物を増産するために多量に投入した化学肥料や農薬は自然の環境や生態系を破壊し、それを回復させるために多額の国家費用が使われる。安い輸入農産物に押されて国内農業が衰退し、休耕地や耕作放棄地が増えると、土壌流失や水害が増える。食料を世界中から輸入しているから、海外の遺伝子組換え農産物やB

SE、鳥インフルエンザなどが直ちに台所に持ち込まれる。加工食品や調理済み食品が増えたので、その原料に農薬が残留していたり、危険な食品添加物が使われたりして食生活の安全性が損なわれる。これらの食品の安全性を確保する社会制度を整備するには多くの国費を必要とするのである。食料が豊かになったのをよいことにして過食、飽食をするから、肥満者が増え、それに伴って生活習慣病が激増して国民の健康を損ない、国民医療費や介護費を増大させている。家庭での個食やバラバラ食が増えて家族の絆が弱くなり、伝統の食文化が忘れられるなど文化的損失も大きい。世界的に見ると、巨大なグローバル食料経済システムは貧しい途上国を置き去りにして、10億人もの飢餓者を生みだしてきた。これらの目に見えない社会損失、社会的コストを取り返し、修復するには、巨額の社会費用が必要であることを忘れてはならない。

このように、食べるという人間の営みの世界が経済活動の世界に変貌し、食べ物の価値を経済的尺度でのみ判断するようになったことは大きな問題である。そもそも、食料の生産を経済行為として大規模に行ってはいけなかったのであると言ってよい。農作物や家畜、魚介類は生命のあるものであって自然の産物なのであるから、私たちが勝手にいくらでも生産できるものではない。現代のフードシステムは需要と供給の経済原理に支配されてはいるが、そこで取引されているのは生物資源であり、工業製品と同一に扱えるものではない。食料は自然の産物であり、人間が食べるにも限りがあるものであるから、大量生産と大量消費の経済システムにそぐわないのである。

20世紀の前半において世界の食料不足を解消し、多くの人々の豊かな食生活を実現した巨大なアグリビジネスとグローバル化した食料供給ビジネスは、今やいくつかの成長限界に直面している。現代の食の世界が抱え込んでしまった問題の多くは、もはや食の分野だけでは解決できない大きな社会問題になっているのである。自然の生産力を無視して必要以上の食料を増産し、必要以上に食生活の豊かさと便利さを追求してきたことがよくなかったのである。改めて、「今後はどのようにして食料を生産し、どのように消費するのがよいのか」ということを考え直してみなければならなくなっている。

第4章　食生活に無駄が多くなった

1　食料の4分の1が無駄に捨てられている

食べるものが有り余るほど豊かになったので、私たちは食べ物の大切さを忘れて食べるものを惜しげもなく使い残し、食べ残して無駄に捨てるようになった。私たち日本人が1日に消費する食料は平均して一人あたり、カロリーに直して2417キロカロリーであるが、その内、食事として食べる、つまりお腹に取り込んだのは1889キロカロリーである。その差は1日、528キロカロリーにもなり、消費した食料カロリーの22％に相当する。つまり、国内産、輸入を合わせて1年間に供給された食料、約9000万トンの22％、2000万トンが食べられることなく廃棄されていることになる。昭和40年にはこの差が11％であったのだから、それからの半世紀で消費者の食行動やライフスタイルが変って食料の廃棄が2倍に増えている。

わが家の台所を見回してみても、買ってきた食料の4分の1をも無駄に捨てているとは思えない。

実際に捨てられている食料はどのくらいだろうか。スーパーやコンビニで売れ残って捨てられる総菜や弁当は10％ぐらいあるという。食品メーカーでも売れ残り廃棄が５％ぐらいあり、家庭では調理屑、廃棄、食べ残しが20％ぐらい、外食店では食べ残しが30％はあるらしい。農林水産省の平成17年度調査によると、食品製造業、小売業、外食店などから排出される生ごみが年間、１１００万トン、家庭から出る生ごみが１１００万トンであるから、食料の廃棄量は合計２２００万トンである。それから10年後の平成27年、環境省が調査したところ、捨てられる食料は事業系と家庭系を合せて１６７６万トンであった。つまり、食べずに捨てられる食料は使用した食料の19～24％もあることになる。

　このうち、まだ食べられるのに廃棄された食品、売れ残り、使い残し、食べ残しなどが６００万トンから８００万トンはあると推定できるので、それらをできる限り少なくすれば魚の骨や野菜くず、腐敗したものなど「食べられない廃棄物」は供給

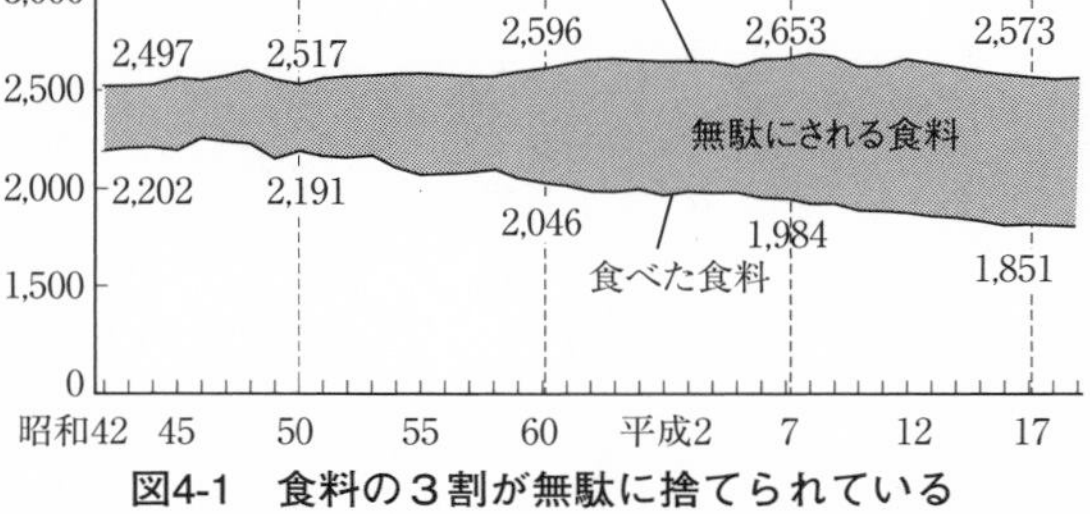

図4-1　食料の３割が無駄に捨てられている

農林水産省　食料需給表、厚生労働省　国民健康・栄養の現状による

食料の12％、１１００万トンぐらいに減るであろう。現在、22％にまで増えている廃棄量を12％に減らすことができれば、食料自給率は40％から45％に戻ると計算できる。簡単なことなのであるが、これができていないのが問題なのである。

食料の廃棄が2割以上もあると聞いて驚く人は多いだろうが、驚くのはまだ早い。台所から出る生ごみの3分の1が、使い残し、食べ残しなど「食べられるのに捨てられた」食品なのである。平成24年に京都市が台所ごみの内容を1週間継続調査した報告によると、家庭の生ごみの46％は野菜や果物の皮、魚の骨など食べられない調理屑であったが、22％は食べ残しであり、17％が手も付けずに捨てた食品であった。環境省が平成27年に１７４１市区町村をアンケート調査したところ、家庭から出る食品ごみ、年間８７０万トンのうち、まだ食べられるのに捨てられた「食品ロス」はその35％、３０２万トンであった。家庭から出る食品ロス、３０２万トンは、一人あたりにすると毎日茶碗に半杯、金額に換算すると1世帯当たり年間6万円にもなるのである。農林水産省が平成28年に調査したところ、まだ食べられるのに捨てられている「食品ロス」は事業所で３５２万トン、家庭で２９１万トン、合計６４３万トンであった。実に、捨てられている生ごみ約２０００万トンの3分の1が、まだ食べられるのに捨てられているのである。

終戦後の食料難を経験した高齢者は食料を使い残したり、食べ残したりはしない。ところが食べ物があり余っている時代に育った若者たちは平気で食べ残し、使い残して捨てる。20年前になるが、農水省が全国1000世帯について「食品を廃棄した理由」を複数回答で聞いてみたところ、鮮度が落ちた、カビが生えた、腐敗したというのが最も多く61％であった。ところが、消費期限や賞味期限が過ぎたからが46％、食卓に出したが食べきれなかったのが40％、いただき物を食べきれなかったが23％、調理をしたが食べなかったが12％もあった。安売りにつられて買い過ぎて、使いきれずに捨てたり、買ってあることを忘れているうちに賞味期限が過ぎて捨てているらしい。よく考えないで食べきれないほど調理し、食べ残されることも多いのである。

　消費期限、賞味期限とはその食品が良好な状態に保たれていて、おいしく食べられる期間のことである。賞味期限は長いものなら3か月以上もあり、それも安全を見越して2～3割短く表示してあるから、期限が少しぐらい過ぎていても食べられるのである。すぐに

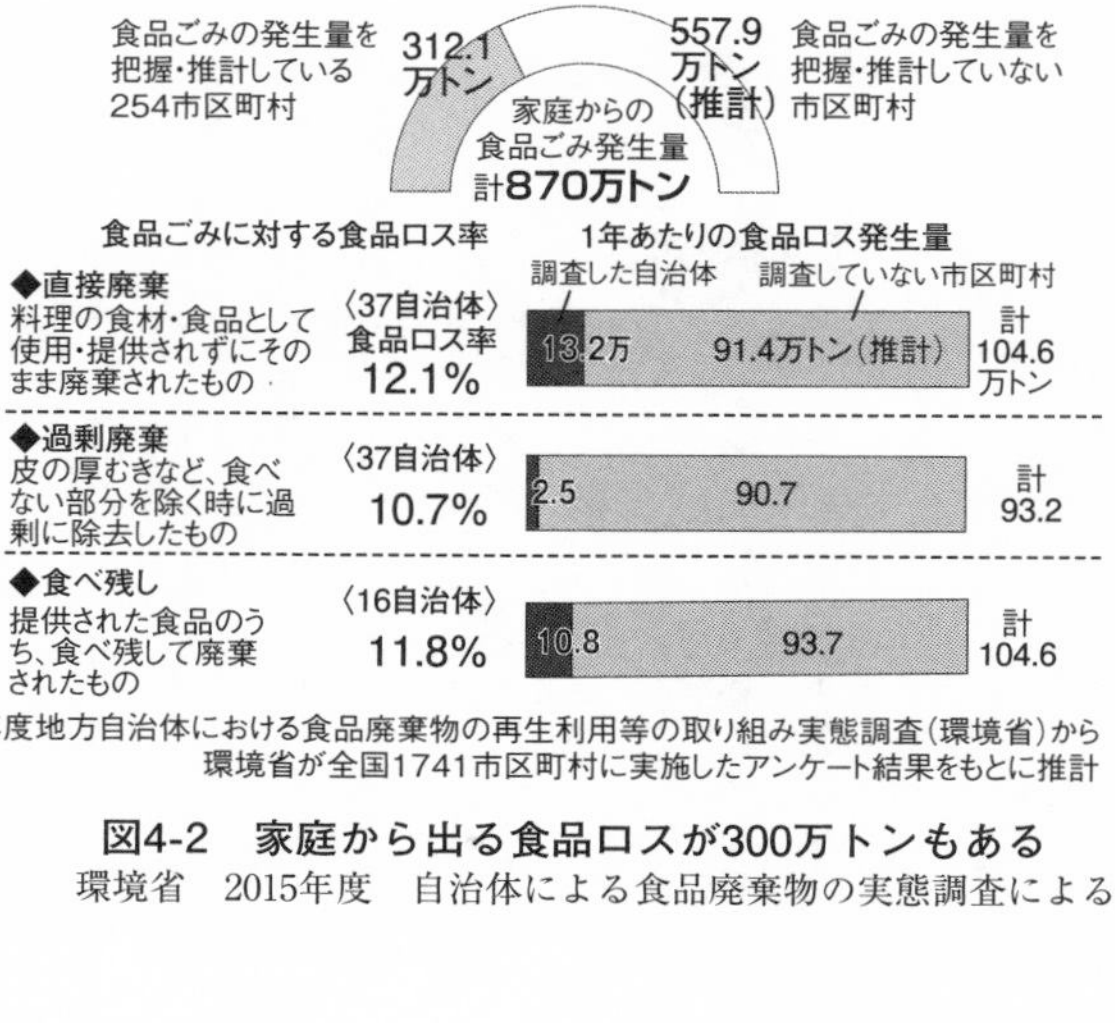

2015年度地方自治体における食品廃棄物の再生利用等の取り組み実態調査（環境省）から
環境省が全国1741市区町村に実施したアンケート結果をもとに推計

図4-2　家庭から出る食品ロスが300万トンもある

環境省　2015年度　自治体による食品廃棄物の実態調査による

捨ててしまわないで、色、匂い、味、保存状態などをチェックしてから捨てるのがよい。最近では賞味期限が過ぎたらすぐに捨てることは一時よりずいぶん少なくなっているらしいが、その外にも、買いすぎない、作り過ぎない、余れば冷凍して保存する、食べ残さないなどとすぐに実行できることが多い。

スーパーやコンビニでの売れ残り食品の廃棄については問題が多い。消費者は食品を購入する際に鮮度にこだわり、製造年月日が新しいもの、賞味期限にゆとりがあるものを選ぶ傾向がある。だから、スーパーなど小売店では賞味期限ぎりぎりまで棚に置いておかないで、賞味期限の70％程度が経過すれば店頭から撤去して廃棄する。弁当や総菜は細菌数が１００万個に増殖する時間の少し手前を消費期限とし、それを過ぎれば廃棄している。1時間や2時間過ぎたものなら食べても安全なのであるが、万に一つでも食中毒が起これればチェーン店全店の信用が失われるから廃棄するのである。こうして、スーパーやコンビニでまだ食べられるのに捨てられる食料、食品は年間３００万トンぐらいになると推定される。

世界的に食品ロスを減らそうという運動が起きるきっかけになったのは、２０１１年（平成23年）に国連食糧農業機関（ＦＡＯ）が世界の食料生産量の３割にあたる約13億トンの食品が棄てられているという衝撃的な報告をしたことである。国連では２０１５年に採択した持続可能な開発目標（ＳＤＧｓ）において、２０３０年までに世界中で食料の無駄な廃棄を半減させるという目標を掲げている。

我が国ではようやく２０１９年（令和元年）から食品ロス削減法案を施行し、自治体ごとに削減目標値を決めて食品ロスの削減に取り組むことになった。民間レベルにおいては、食品メーカーから廃棄される在庫品、規格外れ、傷もの製品などの寄贈を受けて、それを生活困窮者に届けるフードバンク運動が盛んになってきた。平成28年現在で全国60団体が活動して合計５０００トンを超す食料を届けている。少し変わったところでは、奈良の諸寺院がＮＰＯ「おてらおやつクラブ」を結成して、お供物のお下がりを貧困家庭の子供1万人におやつとして届けている。

社会の経済状況が低迷し始めた平成の時代には、年収１８５万円に満たない非正規雇用労働者という新しい貧困階層が生まれている。経済格差が社会全般に広がり、相対的貧困者が２０００万人に増えていて、２３０万人が満足に食べられずにいることを忘れてはならない。経済的な理由で1日1食しか食べられない母子家庭や高齢者が大勢いるのである。その一方で、食べ物は余っているのに、それを届けるインフラが整えられていない。困窮者に食べるものを無料で提供する救援所がニューヨークには１２００か所、香港には５２０か所あるというのに、東京には50か所しかない。食品ロスの削減も必要であるが、食べ物を公平に分配する社会的仕組みも整備しなければならない。

２　豊かな食生活が化石エネルギーを浪費している

食料の無駄使いだけでなく、食料の調達にも化石燃料が浪費されている。化石燃料や天然資源の節減が世界規模の課題になったのは、1972年に世界的なシンクタンク、ローマクラブが「成長の限界」という報告書を発表して、人口増加、資源の浪費、環境破壊がこのまま続けば、百年以内に人類の成長は限界に達すると警告してからである。我が国では、それに歩調を合わせたように昭和48年（1973年）に起きた第一次石油危機がきっかけになり、産業界での省エネルギー、省資源への取り組みが始まった。

食料の生産、輸送に伴う化石燃料の無駄遣いが問題になったのはこのころからである。日本では多量の食料を海外から輸入しているから、その長距離輸送に使う石油燃料が莫大な量になる。海外から日本に輸入する食料の重量、5800万トンにその輸送距離を掛け合わせて集計した「フードマイレージ」は5000億トン・キロメートルになる。アメリカは食料が国内で自給できるので海外からの輸入は少なく、フードマイレージは日本の3分の1で済む。フードマイレージが大きいということは、食料の輸入に化石燃料エネルギーを多く消費していることを意味する。国民一人当たりで較べてみると、日本はアメリカの8倍もの化石燃料を使って食料を輸入しているのである。

海外からの食料輸入には航空機、船舶、トラックなどを状況に応じて使うので、消費する石油燃料を正確に計算するのは難しいが、少なく見積もれば年間で600万トン、多めにみると3000万トンであると推計できる。すると、排出される二酸化炭素は1800万トンから9000万トンになる。これは全国の家庭から1年間に排出される二酸化炭素、1億9千万トンの1割、多めにみれば5割に相当する。食料がすべて国産であれば、この半分で済む。

昔は食べ物を通じて季節の移り変わりが感じられたのであるが、今ではそのようなことは少なくなり、季節や地域に関係なく年中いつでも同じものが食べられる。特に野菜類はハウス栽培と長距離輸送によって年間を通じていつでも同じものが供給されるようになった。東京都中央卸売市場の季節別取扱量をみてみると、昭和40年ごろまではどの野菜も旬の季節の入荷が多かったのに、今では年中平均して入荷するようになり、それも、北海道や九州、四国など遠隔地から出荷されてきたものが過半数を占めるようになっている。だから、鹿児島県のスーパーで長野県産の高原レタスが売られていても、だれも不思議に思

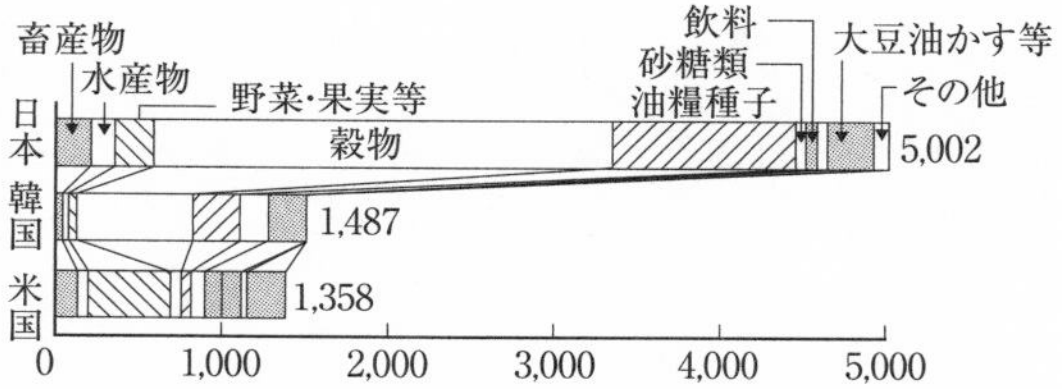

輸入食料品のマイレージ（単位：億トン・キロメートル）

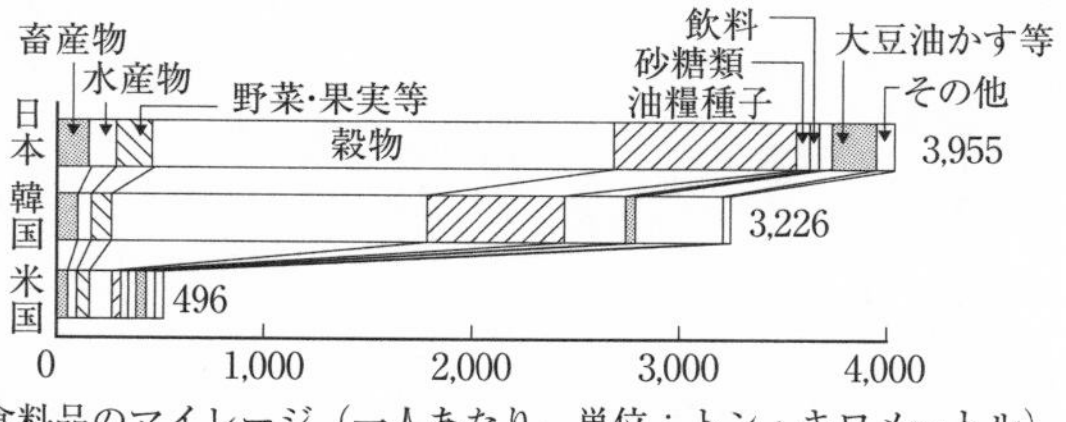

輸入食料品のマイレージ（一人あたり、単位：トン・キロメートル）

輸送距離は首都間の直線距離で試算

図4-3　日本のフードマイレージは世界一

農林水産政策研究所　2000年度調査による

わない。遠距離トラック輸送による化石燃料の消費は大きく、例をあげるなら高知県産の農産物をトラックで神戸中央卸売市場に運ぶのは、輸送距離が4倍もある中国の山東省で採れた農産物を神戸まで船で運ぶのと消費燃料は同じである。また、オーストラリアからアスパラガスを5本、約100グラムを輸入すると453ミリリットルの石油が消費されるから、アスパラガスが石油漬けになって送られてくるようなものである。

食料の生産にも多くの化石燃料が使われている。昭和40年ごろまでは野菜や果物は旬の季節に多く食べるものであったが、平成になった頃からハウス栽培されたトマトやきゅうりなどがいつでも手に入るようになった。消費者が季節に関係なく一年を通して欲しがるためではあるが、そのために石油エネルギーが多量に消費されていることを知っている人は少ない。昔のように太陽と雨、風に頼る自然農業であれば、栽培に使うエネルギーは収穫される作物の食品エネルギー（カロリー）より少ないのが普通であった。ところが現代のように化学肥料や農薬を多く使い、機械化し、さらにハウス栽培をするようになると、より多くの化石エネルギーが使われて、収穫される農作物の食品エネルギーより多くなる。

例えば、米作りでは耕運機、田植え機を使い、除草剤を散布するから、米、1キログラム、3510キロカロリーを収穫するのに3190キロカロリーのエネルギーが使われている。ことに、野菜をハウス栽培すると多くの石油エネルギーが必要になる。きゅうりを畑で栽培すれば、1本、100グラムを収穫するのに１００キロカロリーのエネルギーで済む。ところが、加温ハウスで栽培をすると、暖房に多くの燃料エネルギーを使うから５００キロカロリーが必要になる。１本のきゅうりに62ミリリットルの灯油を使い、１５５グラムの二酸化炭素を排出したことになる。トマト、きゅうり、ピーマンなどは約60％がハウス栽培で供給されている。いちごは90％がハウス栽培である。真冬に温室でトマト1個を収穫するには２４００キロカロリーの灯油、つまり３００ミリリットルの灯油が使われる。これでは、トマトを食べるのではなくて灯油を飲んでいるようなものである。省エネルギー、地球温暖化防止のためにも、まず真冬にイチゴやトマトを食べることを我慢しようではないか。

日本の農業生産に使用される全投入エネルギー（農業機械の燃料などに使う直接エネルギーだけでなく、

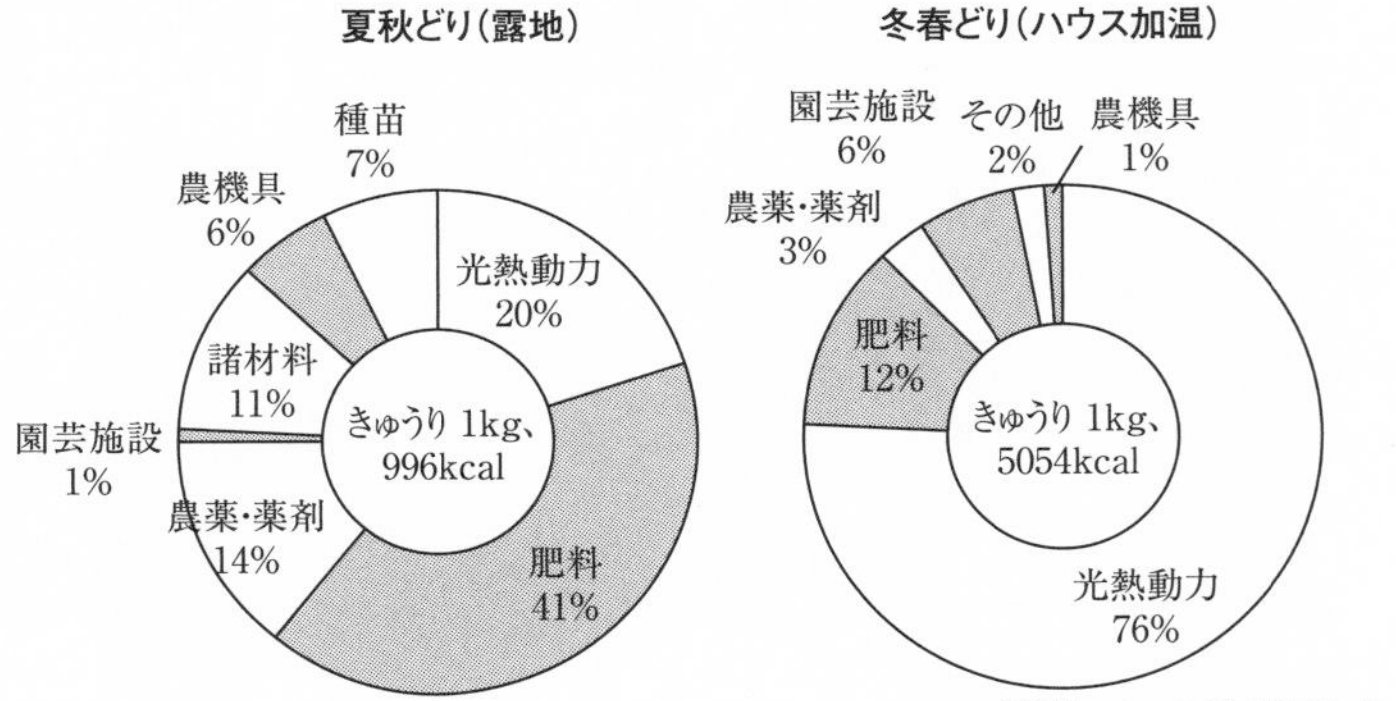

図4-4　きゅうり1キログラムを生産するために必要なエネルギー

資源協会編「家庭生活のライフサイクルエネルギー」1994年より転載

化学肥料や農業設備などの製造に使用された間接エネルギーとの合計であり、ライフサイクルエネルギー（ともいう）は、昭和35年ごろに比べると3倍ぐらいに増えていて68兆キロカロリーにもなっているが、その7割はトラクター、ハウス暖房などに使われる燃料エネルギーと化学肥料、農機具、農業設備などの製造に使われる間接エネルギーとである。日本の農業は年間で石油に換算して680万トンものエネルギーを消費しているから、農産物の生産金額あたりで比較すると機械化が進んでいるアメリカ農業の5倍の石油を消費する「農業エネルギー消費の世界ワースト3」である。

化石燃料を浪費しているのは農業だけではない。肉牛や高級魚の飼育にも多量のエネルギーが使われる。牛肉1キログラムを生産するには11キログラムの飼料穀物が必要で、同様に豚肉なら7キログラム、鶏肉なら4キログラム、鶏卵でも3キログラムの穀物が必要である。牛肉1キログラムの食品カロリーは2860キロカロリーであるが、それを生産するには10700キロカロリーのエネルギーが使われる。鶏肉でも4883キロカロリーのエネルギーが使われる。ぶり、1キログラムを海で漁獲するのであれば、漁船の燃料が3481キロカロリー、漁船、漁網などを製造するのに使ったエネルギーが1239キロカロリー、合計して4720キロカロリーあればよい。しかし、養殖であると8キログラムの餌イワシや養殖施設の電力などが必要になるので、35300キロカロリーのエネルギーが必要になる。ぶり切身100グラムについて灯油440ミリリットルに相当するエネルギーが必要なのである。

養殖魚が増えたのは漁業資源の保護のためでもあるが、なによりも消費者がおいしい高級魚を安値で求めるからである。鰻は97％が養殖、真鯛は82％、ぶりは66％、ふぐも52％が養殖になった。冬のトマト、霜降り牛肉、鰻の蒲焼、鯛の塩焼きなど、今日では贅沢とは思わずに食べているが、そのために多量の石油エネルギーが使われて世界のエネルギー問題や地球環境に悪影響を及ぼしているのである。

加工食品を多く使用するようになったことも化石エネルギーの消費拡大につながる。例えば、小麦から朝食用のシリアル1ポンドを作るために必要なエネルギーは、小麦粉1ポンドを作るのに必要なエネルギーの約32倍にもなる。しかも多くの場合、シリアルそのものの加工よりその容器や包装材の製造に多くのエネルギーが消費されている。今日のアメリカにおいては、農作物の栽培、家畜の飼育から始まって輸送、加工、包装、保存、調理までをひっくるめた食料供給システムで使用されるエネルギーは、人々が食事から摂取するエネルギーを7倍から15倍上回っている。1キロカロリーの食事を摂るために、食材の生産から調理までに7～15キロカロリーのエネルギーが消費されているのである。

家庭の台所ではどのくらいの化石エネルギーが使われるだろうか。日本エネルギー経済研究所が平成2年に調査した結果によると、食料の生産から加工、流通に至るまでに消費するエネルギー量は4 2 5兆キロカロリーであった。これは、わが国で消費する一次総エネルギーの13％に相当する。資源協会が家庭生活を営むのに必要なライフサイクルエネルギーを調査した結果を紹介しよう。首都圏に住む夫婦と子供2人のモデル家庭では、1年間に消費する全エネルギーは5100万キロカロリーであり、食生活にはその18%にあたる900万キロカロリーを消費する。このうち、食料にその54%、481万キロカロリーを消費し、調理に使う電気、ガスなど光熱エネルギーとして36%、323万キロカロリーを消費する。台所で使われる光熱エネルギーは、35%が冷蔵庫、32%がガスコンロ、19%が湯沸かし器で消費される。調理に使用する光熱エネルギーは一人、1食分が785キロカロリーだが、4人分まとめて調理すれば一人分は659キロカロリーで済む。家族が一緒に食べるなら1日の調理エネルギーは1933キロカロリーであるが、家族全員がそろわず「バラバラ食」になると、料理を温めなおしたりするから2614キロカロリーに増える。最近増えてきたバラバラ調理、バラバラ食はエネルギーの無駄使いになるのである。

3　食生活における省エネルギーと省資源運動

1992年（平成4年）の地球サミットにおいて、人類の産業活動により排出される二酸化炭素、メタン、一酸化二窒素、フロンなどの温室効果ガスが地球の温暖化をもたらしていることが指摘され、その排出規制が国際的な課題になった。18世紀後半に始まった産業革命で石炭など化石燃料の使用が急に増えて二酸化炭素の排出量が増加したことが、地球が温暖化する始まりであった。温室効果ガスの排出は人口増と経済成長を背景にして90年以降に加速して、その排出量は二酸化炭素換算で370億トンとなり、産業革命以前には280ppm程度で安定していた大気中の二酸化炭素濃度は、現在では過去80万年で最も高い400ppmまで上昇している。そのために世界の平均気温は産業革命前に比べて約1度上昇して、極端な大雨や異常高温、旱魃などの異常気象が相次いで起きるようになっている。アメリカ海洋大気局は、2019年7月は世界の平均気温が観測史上最も高かったと発表している。

このまま放置すると、21世紀末には最大4・8度上昇し、南極の氷が解けて海水面が最大60メートル上昇すると予想される。今後、平均気温が1度上昇すると、5000万人が水不足になり、小麦の生産は6%、米の生産は10%減少する。2度上昇すればアフリカで作物収量が10%減り、3度上昇すると1億7千万人が洪水被害を受けるという。地球の気候変動の限界値〈人類が安全に暮らせる限界、プラネタリー・バウンダリー〉である1・5度上昇は目の前に迫り、「気候危機」が訪れようとしている。

そこで、2015年（平成27年）に締結されたパリ協定では、世界の平均気温の上昇を産業革命前に比べて2度未満、できれば1・5度未満（今より1度上昇、できれば0・5度上昇）に抑えることを目標として、経済先進国、途上国を含めて188か国が温室効果ガスの排出削減に自主的に取り組むことを決めた。1997年に締結した京都議定書は先進国だけの協定であったので十分な削減ができなかったからである。削減量の目標は各国の自主申告に任せられているが、アメリカは05年比で28％、ＥＵ諸国は90年比で40％、排出量が世界の4分の1を占める中国は30年度を排出のピークにすると申告している。日本の温室効果ガスの排出量は12億トンで世界5位であるから、２０３０年までに13年度比で26％減らす目標を提出している。しかし、パリ協定の締結後も温室効果ガスの排出量は増え続けているので、２０１９年にニューヨークで開かれた国連気候行動サミットでは、今や気候非常事態であると宣言して、温室効果ガスの実質排出量を２０３０年までに45％削減、２０５０年までにゼロにすることを呼びかけた。

家庭の食生活によって排出される二酸化炭素はどれぐらいあるのであろうか。わが国の二酸化炭素年間排出量（化石エネルギー起源）は平成22年度で11億２３００万トンであり、その内で家庭からの排出はその15％、1億７２００万トンであった。日本エネルギー経済研究所が平成2年に調査した結果によると、食料の生産から加工、流通に至るまでに消費するエネルギー量は４２５兆キロカロリーであるから、二酸化炭素に換算すると３２００万トンの排出に相当し、わが国の総排出量の３％になる。１人当たりにすれば年間２５０キログラムである。

私たちの食生活が環境に及ぼす負荷のなかで相対的に大きいのが、河川の水質汚染である。昭和33年に工場排水規制法、昭和45年に水質汚濁防止法が施行される前は、製造工場から排水と一緒に排出される有機物質汚濁がＢＯＤに換算して年間３００万トンもあったが、その後、産業排水の浄化処理が本格的に始まり、約4分の1に減少している。ＢＯＤとは、排水中に含まれている有機物を微生物の力を借りて浄化するのに必要な酸素量（生物学的酸素要求量）のことである。多種類の有機物が排出されるのでその量を一括して表すのに使われる。家庭の生活排水による水質汚染は東京湾に流入する河川などでは総汚濁の6割ぐらいになっていて、その4割は台所から流される野菜屑や使い残した調味料、飲み残しの酒類などである。家庭の日常生活から排水として出る有機物はＢＯＤに換算して1人、1日で43グラムになる。そのうち台所の排水に含まれる17グラムの有機物は、下水道が完備していないと未処理のままで河川や海洋に放流されるので、集まればその地域の水質汚濁の原因の70％にもなることがある。下水道が完備していても下水処理場での処理エネルギーが大きくなる。使用済みの天ぷら油５００ミリリットルを流しに捨てれば、それを魚が住めるようにＢＯＤが5ミリグラム／ℓになるまで希釈するには約20万倍の10万リットルの水が必要である。ラーメンの汁２００ミリリットルなら、１０５０リットル、味噌汁お椀1杯、２００ミリリットルを捨てれば１４１０リットルの水が必要である。飲み残し、食べ残しをしないようにしなくてはならない。

家庭の食生活における省資源化についても触れておかねばならない。スーパーでのパック販売、自動販売機、過剰包装のギフト商品などが増加して、食品、飲料用の容器、包装パック、トレーなどが家庭ごみの容量の3分の1を占めるようになった。これら食品の容器、包装材は年間、１０００万トンあるらしいが、そのうち資源ごみとして分別回収されるものは２６０万トン、再資源化されるのは

200万トン余りに過ぎない。台所から捨てられる使用済みの食品包装材や容器は戸別に分散して廃棄されるので、再資源化することが難しいのである。大部分は焼却するか埋めるのであるが、埋め立て用地に困っている自治体が多い。平成12年に循環型社会形成基本法が設定され、リデュース、リユース、リサイクルの3Rの考え方が導入されると、資源ごみの総排出量は減少し始め、資源化されるごみの比率は平均して20%に達しているが、ドイツの47%、オーストラリアの45%とくらべるとまだまだ低い。

とくに、食品、酒、飲料用のガラス瓶、金属缶、ペットボトルは年間1500億個にもなるので、その回収と再資源化に多大の費用と手間がかかる。空き缶、ペットボトルは道端に散乱し、焼却するとダイオキシンを発生するなど環境問題も派生する。産業用に使用される段ボールケース、年間81万平方メートルのうち55%は加工食品、青果物の包装に使用されているのである。このため、出荷ベースで2000万トンにもなる容器や包装材の回収と再資源化を促進しなければならない。ガラス容器、金属缶などのリサイクル率は平成2年にはどちらも40%あまりであったが、平成7年、容器包装リサイクル法が施行されてからはリサイクル率が向上した。平成17年にはスチール缶は84%、アルミ缶は81%、ワンウエイのガラス瓶は78%がリサイクルされている。年間260億個にもなるペットボトルのリサイクル率も85%を超えた。

最近になって国際的に問題視されているのは、海洋に大量に投棄された廃プラスチックが破砕されてマイクロプラスチックとなり海の生態系を汚染していることである。リユースやリサイクルされない廃プラスチックの15～40％は海洋に投棄されて漂流し、漂着ごみになる。海岸に漂着したプラスチックごみは紫外線や寒暖差によって劣化し、海岸の砂と擦れ合って次第に破砕される。さらに再流出と漂着を繰り返すうちに大きさが5ミリメートル以下の微細片（マイクロプラスチック）になる。問題はこの小さなマイクロプラスチックに付着している有機汚染物質が鯨や魚類、貝類、海鳥、動物性プランクトンの体内に取り込まれることである。世界的にみると、１９５０年ごろから海洋に流出したプラスチックごみは1億５０００万トンに達し、現在も年間８００万トンのプラスチックゴミが海洋に投棄されているので、２０１９年、国連では世界１６０か国に呼びかけて２０３０年までに使い捨てプラスッチク製品を大幅に削減することを決議したのである。因みに、日本から海洋に流出するプラスチックごみは2万トンから6万トンであると推定されている。

わが国でごみとなって廃棄されるプラスチック製の食品容器や包装材は年間約１０００万トンで、その19％がパック、カップ、トレー、15％がボトルである。このうち家庭で使い捨てにされているペットボトル、レジ袋、包装容器などは約４１８万トンと推定されているが、そのうちリサイクルされるのは23％である。日本は使い捨てプラスチックごみがアメリカに次いで世界で2番目に多いのである。リサイクルされない廃プラスチックはこれまでは中国をはじめとする東南アジア諸国に引き取られていたが、最近ではそれができなくなり行き場を失っている。

そこで、環境省は２０３０年までにプラスチックゴミの排出量を25％削減することを目標として、レジ袋の有料化、プラスチック製ストローや皿などの使用自粛を呼びかけている。レジ袋は、既に世界の40か国で製造、使用禁止、83か国で無料配布を禁止している。日本のレジ袋使用量は一人当たり年間４００枚、総量20万トンと推定されていて、プラスチックごみの総量に占める割合は２％ほどで少ないが、暮らしに身近な存在であるので有料化して環境問題を考えるきっかけにするのである。使い捨て容器、過剰な包装を抜本的に減らすには今日の大量販売、大量消費の食品流通形態を変えねばならないが、私たち消費者もスーパーでレジ袋を求めず、過剰な包装を敬遠して、省資源と地球温暖化の防止を心掛けたい。

第5章　安心して食べものが選べない

1　安心して食べ物が選べなくなった

毎日、食べている食物に健康に悪影響がある化学物質が含まれているのではないか、と心配をしなくてはならない嘆かわしい時代になった。

だれでも心配しているのは残留農薬と食品添加物の危険性である。第二次大戦後に広く使用されるようになった殺虫剤、殺菌剤、除草剤などの化学合成農薬は、農作物の病虫害や雑草の駆除に目覚ましい効果を発揮し、農産物の収量を飛躍的に向上させた。稲穂が稔る頃になるとウンカが襲来して収穫が激減する苦しみから農家を救ったのは、パラチオン、ＤＤＴ、ＢＨＣなどの化学合成殺虫剤である。また低温、高湿度の年に発生して米の収穫をゼロにするような大被害をもたらしたイモチ病を劇的に防除したのは、酢酸フェニール水銀などの有機水銀系の合成殺菌剤であった。夏季の水田での除草作業にはヘクタールあたり５００時間のきつい労働を必要としていたが、２,４-Ｄ、ＰＣＰなど除草剤を使用するようになってからは僅か40時間で済むようになった。

　敗戦直後のひどい食料不足を解消しようと増産に励んでいたわが国の農業にとって、これら化学合成農薬と硫安などの化学合成肥料は欠かすことの出来ない救世主となり、反当り収量が飛躍的に増大して米不足が解消された。水田稲作を例にとると、それまでヘクタールあたり2・5トンであった収穫量は約2倍の5・4トンに増加した。世界的にみても同様のことがあり、20世紀後半に25億人から60億人にまで急増した地球人口を養えたのは、農薬と化学肥料のおかげで食料が飛躍的に増産できたからである。

　農薬を使用しなければ、世界的にみて農作物の収穫が30%は少なくなると言われている。ことに高温、多湿な気候の我が国では農薬を使用しないと病虫害が多く発生し、駆除に手間がかかり、収量が大きく減るのである。日本植物防疫協会が調査したところによると、農薬を全く使用しないとしたら水稲の収量は3割前後減少する。りんごは殆ど収穫がなくなり、キャベツやきゅうりは6割以上、トマトやじゃがいもでも3割以上の減産になる。だから、日本の農薬使用量はヘクタールあたりで比較すると欧米諸国の数倍も多いのである。

　しかし、使用された農薬の一部は環境中に拡散し、自然の生態系に大きな影響を及ぼすことになった。日本では昭和30年代に多量に撒布されたＤＤＴやＢＨＣなどの影響で、田圃や畑からとんぼや蝶、どじょうなどが姿を消してしまった。もとより、病害虫を駆除するために撒布する農薬であるから、駆除しようとする害虫以外の昆虫、鳥、魚などにも強いダメージがあるのは当然である。しかも、ＤＤＴやＢＨＣなど有機塩素系農薬は、撒布された後もなかなか分解されず、大気、河川、土壌に残留、蓄積することになり、更には生物濃縮という現象が起きて水生昆虫や魚介類の体内に蓄積される。佐渡島に僅かに生存していた野生のトキや兵庫県豊岡市に残っていた野生のコウノトリが相次いでこの頃に絶滅してしまったのは、農薬に汚染されたどじょうや鮒を餌にしたからだと言われている。

このように化学合成農薬が野生生物の生態に引き起こす異常現象を最初に摘発したのがアメリカの生物学者、レイチェル・カーソンである。彼女は１９６２年（昭和37年）に出版した著書『沈黙の春』で、毒性と残留性が強い有機塩素系農薬、ＤＤＴやデルドリンなどが大気、河川、土壌などに蓄積して昆虫、魚、鳥などを多数死滅させ、人間にもガンを多発させる事例を数多く指摘した。農薬により環境が汚染されて野生の生き物が傷つき、虫も小鳥も死んで、やがて花も咲かず、鳥も鳴かない「沈黙の春」が来ると警告したのである。昆虫や鳥で起きた恐ろしいことはかならず人間にも起きるに違いないと思い込んだアメリカ市民の不安は大きかった。当時のアメリカ大統領、ジョン・ケネディは直ちに殺虫剤の乱用状況を調査することを命じ、残留毒性の強い殺虫剤の使用を禁止した。

日本では有吉佐和子が昭和49年から50年にかけて朝日新聞に連載した小説『複合汚染』で警鐘を鳴らした。彼女は工場廃液や合成洗剤で河川が汚染し、化学肥料と除草剤で土壌の性質が変わり、残留農薬や食品添加物が食物を通じて人体に蓄積され、生まれてくる子供達まで蝕まれていく恐ろしさを読み物にして訴えたのである。それだけではなく、ＤＤＴ、ＢＨＣ、パラチオンなどの化学合成農薬、タール系合成食用色素やＡＦ２のように危ない食品添加物など、有害な化学物質はわれわれの体内に入ると、その一つ一つは微量であり毒性も小さいものであっても、多数が寄り集まればお互いに毒性を増強しあう「複合汚染」が起きるから一層恐ろしいことを指摘した。

そこで、農薬の使用規制が始まり、毒性の強い農薬、残留性の強い農薬は全て使用禁止になり、使用できる農薬も毒性の弱いものに改良され、使用量も昭和50年頃をピークとして半減した。その結果、蛍やどじょう、めだかが田畑に再び戻ってくるようになり、化学合成農薬の恐怖は何時しか忘れられて行った。

化学合成農薬と同じように危険視されている食品添加物とは、加工食品の加工、製造に使用する着色剤や調味料、乳化材、保存剤などのことである。昭和30年代から加工食品や調理済み食品を利用することが多くなった。それらの食品を製造、加工する際には、風味や外観を良くするために着色剤、調味剤、乳化剤、増粘剤、凝固剤、膨張剤などを使用し、数ヶ月も買い置き保存しておけるように殺菌剤、防かび剤や油やけを防ぐ酸化防止剤などを「食品添加物」として使用することが普通になっている。食品中に残留する可能性がある化学物質は、農薬、食品添加物のほかに、畜産や養魚用に使用する飼料添加物や動物用医薬品がある。近年では家畜を狭い場所に集めて飼育し、濃厚飼料を与えて

表 5-1　食品添加物とはどのようなものか

種類	用途	食品添加物
①製造に必要なもの		
イーストフード	パンのイーストの発酵をよくする	リン酸三カルシウム、炭酸アンモニウム
豆腐用凝固剤	豆乳を固めて豆腐をつくる	塩化マグネシウム、グルコノデルタラクトン
乳化剤	水と油を均一に混ぜ合わせる	グリセリン脂肪酸エステル、レシチン
pH 調整剤	食品 pH を調整する	DL-リンゴ酸、乳酸ナトリウム
かんすい	中華麺の食感、風味を出す	炭酸カリウム（無水）、ポリリン酸ナトリウム
膨張剤	ケーキなどをふっくらさせるふくらし粉、ベーキングパウダーともいう	炭酸水素ナトリウム（重曹）、硫酸アルミニウムカリウム（ミョウバン）
②保存性の向上と食中毒を予防するもの		
保存料	かびや細菌等の発育を抑制し、食品の保存性を高める	ソルビン酸、しらこたんぱく抽出物
酸化防止剤	油脂などの酸化を防ぎ保存性をよくする	エリソルビン酸ナトリウム、ビタミンE
防かび剤（防ばい剤）	輸入柑橘類などのかびの発生を防止する	オルトフェニルフェノール、チアベンダゾール
③品質を向上させるもの		
増粘剤、安定剤、ゲル化剤、糊料	食品に滑らかさや粘りを与えたり、食品成分を均一に安定させる	ペクチン、グァーガム、カルボキシメチルセルロースナトリウム
ガムベース	チューインガムの基材に用いる	エステルガム、チクル
乳化剤	水と油を均一に混ぜ合わせる	グリセリン脂肪酸エステル、レシチン
④風味、外観をよくするもの		
甘味料	食品に甘味を与える	甘草抽出物、キシリトール、サッカリンナトリウム
着色料	食品に着色したり色調を強調する	クチナシ黄色素、食用黄色４号
漂白剤	食品を漂白する	亜硫酸ナトリウム、次亜硫酸ナトリウム
ガムベース	チューインガムの基材に用いる	エステルガム、チクル
香料	食品に香りをつける	オレンジ香料、バニリン
酸味料	食品に酸味をつける	クエン酸、乳酸
調味料	食品にうまみなどを与える	L-グルタミン酸ナトリウム、イノシン酸ナトリウム
⑤栄養成分を補充、強化するもの		
栄養強化剤	栄養素を強化する	ビタミン A、乳酸カルシウム
その他の食品添加物	食品を製造するときに使用するもの	水酸化ナトリウム、活性炭、ヘキサン

橋本直樹著「日本人の食育」技報堂出版　2006 年より転載

短期間で肥育するのが普通である。また、漁業でも狭い生簀の中での密集養殖が行われる。家畜や魚の生態を無視したこのような飼育環境では、家畜や魚はストレスが増え病気に罹りやすくなる。そこで、抗生物質や抗菌剤、駆虫剤を使用し、また肥育を促進するためにホルモン剤や抗生物質を飼料に混ぜて与える。家畜や養殖魚に投与される抗生物質は人の病気の治療に使用される量の2倍を超えている。だから、これらの薬剤が出荷される食肉や卵、鮮魚に残留していることがあるのである。

もちろん、化学合成農薬や除草剤、飼料添加薬品、食品添加物などは使わずに済むのであれば使わないのがよい。しかし、わずか４４４万ヘクタールの農地と１４５万人の農業者、18万人の漁労者で１億２６００万人の台所を賄うには使わざるを得ないのである。農薬、除草剤を使う機械化農業、多頭飼育による畜産業、養殖漁業でなければ、日本の食料生産は労力的にも、経済的にも成り立たない。大量に流通、消費されている便利な加工食品の衛生状態を守り、品質を保証するには食品添加物の使用が不可欠なのである。

そこで、農薬や食品添加物、飼料添加薬剤などは厳重な安全性試験をパスしたものを、使用時期、使用量などを制限して使用するように安全使用基準や残留基準が定められ、違反した生産者、加工業者を摘発する検査制度も設けられた。その外に、消費者に食品の生産情報を伝えるために、生鮮食材には原産地表示、加工食品には原材料表示、食品添加物表示などの食品表示をすることが義務づけられることになった。これらの効果があって、消費者は農薬や食品添加物の恐ろしさをある一時期忘れかけていたのであった。

ところが、それから20年余りを経て平成の時代になると、農薬や食品添加物のほかにもこれまで経験したことのない危害が食生活を脅かすようになった。平成は食の安全性を揺るがす事態が多発した時代であった。平成8年には、遺伝子組換えトウモロコシや大豆などの輸入が解禁され、納豆や豆腐、味噌、サラダ油などに加工されるようになった。また、かつて多量に使用されて自然界に残留している有機塩素系農薬、産業廃棄物の焼却炉から排出されるダイオキシン、人工樹脂、合成洗剤、塗料などに使用されている化学物質などには、「環境ホルモン」としてごく微量で人や野生動物の生殖や免疫作用をかく乱する作用があることが指摘された。平成13年には、千葉県で狂牛病（ＢＳＥ）に感染した牛が発見され、牛肉がいっせいに敬遠される大騒ぎが起こった。平成16年に東南アジアで鳥インフルエンザが発生すると、輸入鶏肉を使った焼き鳥を食べることが心配になった。感染した鶏が発見された養鶏場では、何万羽という鶏が殺されて埋伏処分されるのである。食材、食品の流通が世界規模で行われるようになっているから、遠い国々で発生したこれらの危険が私たちの台所に直結するのである。平成14年には中国より輸入されたほうれんそうやねぎなどに残留基準値を超える殺虫剤が見つかり、食べてはいけない「毒菜」であると報道された。残留基準を超える農薬が検出された野菜はほうれんそう、ねぎ、枝豆、セロリなど17種類にもなったから、それまで沈静していた農薬に対する不安が再燃したのである。

戦前には日常に食べるものにこのような心配をする必要はなかった。町の八百屋や魚屋で売られている生鮮食材は地元で採れたものか、近隣の府県から運ばれてきたものであり、加工食品も小麦粉や食用油、それに味噌や醤油だけであった。そして、すべて家庭で調理して食べていたからである。日常に食べているものに危険な化学物質が混じっているかもしれないと不安を感じるようになったのは、戦後間もない昭和30年、森永砒素ミルク事件が起きてからのことである。森永乳業会社で粉ミルクを製造する際に砒素が誤って混入したため、その粉ミルクを飲んだ乳児が砒素の慢性中毒に罹り、死者138人を含めて13000人もの被害者が出た。昭和43年にはカネミ倉庫会社が製造した米ぬか油で1900人近い中毒患者が発生した。米ぬか油を精製する際に猛毒のダイオキシンが混入していたからである。しかし、森永砒素ミルク事件やカネミ油症事件は、危険な化学物質がたまたま誤って混入したのであるから日常的に起こることではない。

ところが、農薬や食品添加物は日常的に使用される化学物質であり、農作物に散布したり、加工食品に添加するものだから、当然われわれが毎日、口にすることになる。現在では、全国各地から、そして海外から運ばれてくる食材や食品、名前も知らぬ食品会社が製造した加工食品や総菜、弁当などを食べている。しかも、家庭で調理をすることが少なくなり、外食店を利用することが増えている。いわば、見知らぬ他人の作ったものを食べることが多くなっているから、農薬が残留していないか、危険な食品添加物が使われていないか、遺伝子組換え大豆が使われていないか、などと心配をしなくてはならなくなったのである。どの程度に危険なものなのかという科学的知識がないと、安心して食べ物が選べない時代になったと言ってよい。

2　農薬と食品添加物の安全性を守る制度が整備された

食品添加物は例え少量ずつであっても毎日食べ続けることになるものであるから、毒性がないこと、特に長期間摂取しても慢性毒性や発ガン性などがないことを確かめて、許可を受けたものだけが使用される。新しい食品添加物の使用を申請するときは、まずラットや犬などの実験動物を使って食品として安全であるかどうかを検査することが義務づけられている。1か月、3か月あるいは1年間、毎日食べさせて毒性の有無や消化器、循環器、神経系などへの影響を検査し、その吸収、代謝、排泄などの様子を調査する。更に、妊娠中の実験動物に食べさせて胎児や仔への影響がないかを調べる繁殖試験や催奇形性試験を行い、更に一生涯にわたって食べさせつづけても発ガン性がないか、アレルギーを起こさないかも検査する。

こうして、実験動物に一生涯食べさせても何ら影響がないと認められた1日の摂取量を無毒性量（ミリグラム／体重キログラム／日）とし、その100分の1量を私たち人間が一生涯食べつづけても安全な1日の最大摂取許容量（ADI、ミリグラム／体重キログラム／日）と定める。実験動物に較べて人間に毒性が強く現れるようなことがあっても10倍も強く現れることは滅多になく、また幼児や老人など、年齢や体格によって毒性の現れ方が10倍も違うこともないから、実験動物で確かめた無毒性量の10分の1、の10分の1、つまり100分の1までなら、私たち人間が一生涯、毎日食べ続けても安全であろうと考えるのである。

そして食品に添加する際には、個々の食品ごとに1日の平均摂食量を調べ、それに添加されている食品添加物の量が1日摂取許容量を越えることがないように、最大使用量、使用方法などを定めた「使用基準」を設けている。そして「この食品添加物を使用した」と食品包装に表示することが義務づけられている。忠実に守られているかどうかは各地の保健所が市場の商品を定期的に検査して監視することになっている。

国立医薬品食品衛生研究所では、日本人の食品添加物の摂取実態をマーケットバスケット方式で調査している。食事の献立にしたがって食材をマーケットで購入して、食材ごとに1人1日あたりの平均摂食量を測り採り、そこに含まれている食品添加物を分析するのである。平成12年度に調査した結果によると、われわれが1日に摂取している食品添加物は100種類、合計約21グラムであった。しかし、その大部分は乳酸、クエン酸、リン酸、りんご酸などであり、いずれも天然の食材にも多く含まれている成分であるから殆ど毒性がないと考えてよい。その外に、化学合成でしか得られず、天然にはない食品添加物を37種類、33ミリグラム摂取している。その大部分はソルビン酸とプロピレングリコールであり、あわせて29ミリグラムである。プロピレングリコールは生麺、ギョウザの皮などの

表5-2　1日に摂取している合成食品添加物

添加物	種類	ADI（mg/日/kg体重）	20〜64歳（体重58.7kg）摂取量（mg）	20〜64歳（体重58.7kg）対ADI比＊（％）
アスパルテーム	甘味料	40.0	2.25	0.1
サッカリンナトリウム	甘味料	5.0	0.760	0.3
食用赤色2号	着色料	0.5	0	0.0
食用赤色3号	着色料	0.1	0.00235	0.0
食用赤色40号	着色料	7.0	0	0.0
食用赤色102号	着色料	4.0	0.00608	0.0
食用赤色104号	着色料		0	
食用赤色105号	着色料		0	
食用赤色106号	着色料		0.00000959	
食用黄色4号	着色料	7.5	0.000671	0.0
食用黄色5号	着色料	2.5	0.000128	0.0
食用緑色3号	着色料	25.0	0	0.0
食用青色1号	着色料	12.5	0	0.0
食用青色2号	着色料	5.0	0	0.0
ノルビキシン	着色料		0	
安息香酸	保存料	5.0	0.836	0.3
ソルビン酸	保存料	25.0	17.9	1.2
デヒドロ酢酸	保存料		0	
パラオキシ安息香酸イソブチル	保存料		0	
パラオキシ安息香酸イソプロピル	保存料		0	
パラオキシ安息香酸エチル	保存料	10.0	0.0759	0.0
パラオキシ安息香酸ブチル	保存料		0.177	
パラオキシ安息香酸プロピル	保存料	10.0	0	0.0
EDTA	酸化防止剤	2.5	0	0.0
エリソンビン酸	酸化防止剤	特定せず	0.167	特定せず
クエン酸イソプロピル	酸化防止剤	14.0	0	0.0
ジブチルヒドロキシトルエン	酸化防止剤	0.3	0	0.0
ブチルヒドロキシアニソール	酸化防止剤	0.5	0	0.0
没食子酸プロピル	酸化防止剤	1.4	0	0.0
イマザリル	防かび剤		0	
オルトフェニルフェノール	防かび剤	0.2		0.0
ジフェニル	防かび剤	0.05	0	0.0
チアベンダゾール	防かび剤	0.1	0.001070	0.0
L-アスコルビン酸ステアリン酸エステル	強化剤	1.25	0	0.0
L-アスコルビン酸パルミチン酸エステル	強化剤	1.25	0	0.0
シリコーン樹脂	製造用剤		0.424	
プロピレングリコール	製造用剤	25.0	10.6	0.7
37品目			33,500mg	

＊成人（体重58.7kg）の1日許容摂取量と比較
国立医薬品食品衛生研究所調査、2000年による

乾燥を防ぐのに使われ、ソルビン酸はかまぼこ、ちくわ、ハム、ソーセージ、佃煮などの腐敗を防ぐ保存料として広く使用されている。しかし、**表5－2**に示すように、その摂取量を体重58キログラムの成人の1日摂取許容量（ＡＤＩ）と比較してみると、プロピレングリコールは摂取許容量の０・7％、ソルビン酸は１・２％を食べているに過ぎず、その他の合成添加物はそれよりずっと少ない摂取であるから問題がないと考えてよい。

農薬の使用も食品添加物と同じ考え方で規制されている。まず実験動物による試験で一生涯塗布吸収させ続けても何ら影響がない無毒性量を求め、その１００分の1を私たち人間の1日最大摂取許容量（ＡＤＩ、ミリグラム／体重キログラム／日）とする。次にその農薬を撒布する個々の作物ごとに残留基準量を定める。農作物に撒布された農薬は太陽に曝されて分解し、雨で洗い流されるから、われわれが食べる野菜に残るのはその一部であり、それを残留農薬と呼んでいる。この程度なら残留していても安全であるという量が残留基準量である。例えば、トマトなら1日に平均して半個食べるとして、その半個に残留する農薬の量が1日摂取許容量を下回るようにトマトへの残留許容最大量（残留基準値）を決める。次に、収穫するトマトへの残留量がこの残留基準値以下になるように、トマトの収穫2週間前になると散布を禁止するなど安全に使用する基準を定めている。平成18年からは、残留基準値が定められていない農薬は全面的に使用禁止になり、違反して使用した農作物は販売出来なくなった。

平成10年に厚生省が国産および輸入農産物47万件を検査したところ、276種類の農薬についてどれかの残留が検出されたものは全体の0・5%、2419件であり、そのうちで残留量が残留基準値を超えていたのは85件、全体の0・02%に過ぎなかった。例え、残留基準値を超えて残留していても、野菜や果実の表面に付着している農薬ならば水洗い、皮むき、調理で100%近くまで除去できるから安心してよい。加工食品については農薬の残留基準値が設定されていないが、なにらかの農薬が検出されたのは検査した18000件のうち0・1%、18件に過ぎなかった。

平成14年に、中国より輸入されたほうれんそう、ねぎ、枝豆などに残留基準値を数倍も越える殺虫剤が残留していると摘発されたことがあった。アメリカ農務省は、2003年（平成15年）にアメリカ産の野菜や果物など2334検体を検査したところ、そのうちの4割に農薬が残留していて、残留基準値を越えていたのが全体の2・4%あったと報告している。農薬の残留状況は日本よりひどいのである。また、日本では収穫後の農産物の殺虫やカビ防止に農薬を使用すること（ポストハーベスト農薬という）は禁止されているが、海外からの輸入オレンジや小麦には輸送中の食害を防ぐために殺虫剤や防カビ剤が使用されていて、そのまま残留していることが多い。これらを検査するため、現在、年間5000万トン、160万件にも達する輸入食料は、空港や港の検疫所で食品衛生監視員により約8%が抜き取り検査されている。平成15年に2万件を検査したところ、残留基準値を超えて農薬が残留していた農産物はその0・4%、80数件に過ぎず、いずれも廃棄あるいは積戻し処分にされた。

近年、このような安全対策によって農産物における農薬の残留は顕著に少なくなっているから、われわれが食事を通じて摂取している農薬も当然、極めて少なくなっている。食品添加物の摂取量を調査したのと同じように、食事の献立に合わせて市場から食品を買い集めて実施したマーケットバスケット調査によると、**表5－3**に示すように、17種類の農薬の残留が検出されているが、1日の食事で体内に入る摂取量はどの農薬もせいぜい数マイクログラムであり、それぞれの1日許容摂取量（ADI）に比べて多いものでも5％、大多数は0・5％以下の残留であった。マイクログラムとは百万分の1グラムのことである。この厚生労働省の調査は平成3年から毎年継続して

表5-3　1日に摂取している残留農薬

調査対象農薬名	平均1日摂取量（μg）	ADI（μg/50kg/日）	対ADI比＊（%）
DDT	2.97	250	1.19
EPN	2.25-2.82	115	1.96-2.46
アジンホスメチル	3.21	250	1.28
アセフェート	6.99-21.93	1,500	0.46-1.46
エンドスルファン	3.46	300	1.15
クロルピリホス	1.07-2.16	500	0.21-0.43
クロルピリホスメチル	0.95-2.17	500	0.19-0.43
シベルメトリン	2.56-21.62	2,500	0.10-0.86
ジメトエート	1.60 -3.04	1,000	0.16-0.30
臭素	6,037.50-8,150.28	50,000	12.08-16.30
バミドチオン	20.89	400	5.22
フェニトロチオン	0.77-7.12	250	0.31-2.85
フェントエート	1.26-4.06	75	1.67-5.41
フェンバレレート	45.07	1,000	4.51
プロチオホス	2.16-2.35	75	2.88-3.13
マラチオン	1.03-2.16	1,000	0.10-0.22
メタミドホス	2.84-3.72	200	1.42-1.86

＊成人（体重50kg）の1日許容摂取量と比較
注：1991～1999年度マーケット・バスケット調査結果。μg＝マイクログラム
梅津憲治著「農薬と食」ソフトサイエンス社、2003年をもとに著者が一部改変

行われていて、これまでに129種類の農薬について調査したが、1日許容摂取量をオーバーして摂っている農薬はなく、多くは1日許容摂取量の1%以下の摂取であった。これらの調査結果をみる限り、日本人の農薬摂取量はどの農薬についてもごく僅かであり、過度に心配することは要らないといえる。

しかし最近、国際的に農薬がヒトの胎児に及ぼす発達神経毒性について注意が喚起されている。特に日本では最近の30年間で使用量が数倍に増えたグリホサートやネオニコチノイド系農薬について、最新の科学的知見に基づいて胎児の発達障害に対する安全性を再審査するよう要望されている。グリホサートはガーデニング用の除草剤、ネオニコチノイド系農薬は台所のコバエやゴキブリの駆除剤として家庭でも広く使用されているからである。

3　これまでに経験したことがない食品危害が現れた

もう20年以上前のことになるが、「環境ホルモン」という衝撃的な言葉がマスコミを賑わせたことがあった。かつて多量に使用していたDDTやBHCなどの有機塩素系農薬、都市ごみの焼却炉から放出されるダイオキシン、食器や哺乳瓶に使用している人工樹脂、船底塗料から溶け出す化学物質などが、極めて微量ではあるが人間や野生動物の内分泌物質、特に性ホルモンの作用をかく乱し、生殖や出産、発ガンに悪影響を及ぼすことがある。このような化学物質が「環境ホルモン」である。

調べてみると、日本人が魚などを食べて体内に取り込む塩素系農薬、ＤＤＴは1日に3マイクログラムと少なく、1日許容摂取量の1％以下であるから大丈夫と考えてよい。都市ごみを焼却するときには、塩化ビニールからダイオキシンが生成し、排煙とともに放出されて大気、土壌、河川などを汚染する。それが主として魚介類に取り込まれて蓄積し、私たちの口に入ることになる。ダイオキシンは複雑な有機塩素化合物であり、低濃度でも女性ホルモンに似た作用を発揮して強い発ガン性と催奇形性がある。平成12年、産業廃棄物の焼却施設が密集している埼玉県所沢市周辺で採れた野菜にダイオキシン汚染が見つかったと報道されると、ダイオキシンに対する不安が一気に高まった。幸い、その汚染は危険なレベルではなかったが、これを契機として全国的に焼却炉の改修が進められたからダイオキシンの排出は少なくなった。私たちの体内に入り込むダイオキシンはほとんど全部が食事経由であり、それも魚介類からである。体内に入り込むダイオキシンは一時に比べれば減少していて、成人であれば1日に75ピコグラム（1ピコグラムは1兆分の1グラム）程度である。ダイオキシンの1日許容摂取量は２００ピコグラム程度であるから、それほどの心配はいらないと考えてよい。

ポリカーボネート樹脂製の食器や哺乳瓶などからは、樹脂に硬化しないで取り残されていたビスフェノールＡが溶け出すことがある。缶詰の内面塗装に使うエポキシ樹脂から溶出することもある。この化合物には女性ホルモンの2万分の1程度の弱いホルモン作用がある。おしゃぶり玩具、輸血用血液バッグ、弁当の箱詰め作業に使う手袋など柔らかな塩化ビニール製品からは、塩化ビニールを柔軟にする可塑剤、フタル酸ジエチルヘキシルが数マイクログラム程度ではあるが溶け出して、女性ホルモン作用を示すことがある。幸い、ビスフェノールAやフタル酸ジエチルヘキシルの摂取量は1日許容摂取量の10分の1程度と考えられている。カップ麺の発泡スチロール製カップに湯を注ぐと、スチロール樹脂の原料であるスチレン・ダイマーやトリマーが数マイクログラム溶け出す。これも環境ホルモンとして働くのではないかと心配されたことがある。トリブチルスズやトリフェニルスズなどの有機スズ化合物は藻類、貝類の増殖を防ぐので、漁船の船底や漁網に塗る塗料に使用されていた。しかし、それが海水に溶けだして水生生物に蓄積し、巻貝に性器異常が生じることが判明したので使用が禁止された。

我々は食品添加物や農薬だけでなく、医薬、化粧品、洗剤、プラスチック製品などに10万種類もの合成化学物質を使っている。これら化学物質は製造し、使用される過程でごく一部が環境中に放出されるから、それを吸い込んだり、食事とともに体内に取り込んだりすれば何らかの健康被害を生じる危険がある。この危険性は国際的にも認識されていて、２００１年（平成13年）のストックホルム条約で残留性のある有機汚染物質（ＰＯＰｓ）の製造と使用を制限することが合意された。平成10年、環境省がＤＤＴ、ＰＣＢ、ダイオキシン、ビスフェノールAなど環境ホルモンとして働く疑いが強い化学物質36種類について調査したところ、現在、大気や河川を汚染している超微量の濃度ならば、魚に影響するものはあっても人間に影響することはないと報告している。かつて報告された野生生物の生殖異常の多くは工場事故などによる局地的あるいは一時的の濃厚汚染の結果であったらしいが、数えきれないほどの化学物質が長期的に人の健康にどう影響するのか、それはまだ完全に解明されたわけではない。

遺伝子組換え農産物の輸入が許可されたのは平成8年である。遺伝子組換え農産物とは、遺伝子組換え操作によって害虫による食害を受けにくくしたトウモロコシ、特定の除草剤に対する抵抗性を付与したトウモロコシや大豆などである。これら作物は虫に食われにくいから、殺虫剤の散布回数を減らせる、あるいは強力な除草剤を散布しても枯れないから雑草を駆除しやすい。したがって、遺伝子組換え農作物の栽培面積はアメリカを中心に25か国、1億9千万ヘクタールに広がり、特にアメリカではトウモロコシの80%、ダイズの92%が遺伝子組換え品種に替っている。遺伝子組換え農産物の栽培、流通を禁止していたEU諸国も平成17年には解禁している。

日本に輸入されるトウモロコシの88%、大豆の93%、菜種の89%は遺伝子組換え品種であるから、知らず知らずのうちにこれらの遺伝子組換え農産物を食べることになる。そこで、消費者の不安を解消するために、遺伝子組換え大豆、トウモロコシ、ジャガイモ、菜種、綿実を原料に使用した加工食品には遺伝子組換え農産物を「使用」したと表示することが平成13年から義務付けられている。ただし、原料の集荷、輸送時にたまたま生じた5%未満の混入ならば規制の対象にならない。また、醤油、サラダ油、水飴などの原料に組換え農産物を使用する場合には、加工過程で組換え遺伝子やタンパクが分解されるので表示することはいらない。

青虫に食べられにくい遺伝子組換えトウモロコシにはバチリス・チューリンゲンシスという昆虫病原菌の毒素タンパクの遺伝子が組み込まれている。この遺伝子により生成した毒素タンパクを蝶や蛾の幼虫が食べると死ぬから、この組換えトウモロコシは食害が少なく収穫量が増える。組換えトウモロコシに含まれている超微量の毒素タンパクは昆虫には有毒であるが、人や哺乳動物が食べても胃酸で分解されて吸収されないので無害である。特定の除草剤で枯れない遺伝子組換え大豆には、その除草剤に抵抗性をもつ土壌細菌のアミノ酸合成酵素の遺伝子が組み込んである。通常の大豆は除草剤、ラウンドアップ（商品名）を散布するとアミノ酸合成が阻害されて栄養障害が起きるので枯れてしまうが、組換え大豆では耐性のある土壌細菌の合成酵素が代りに働くから枯死することがない。従来は大豆が枯れないように除草剤を薄めて何回にも散布して除草していたが、組換え大豆であれば高濃度のラウンドアップを散布して一挙に雑草を駆除できる。土壌細菌のアミノ酸合成酵素は哺乳動物の体内では全く働かないので、私たちが組換え大豆を食べても危険はない。しかし、これら遺伝子組換え作物が自然の生態系や生物多様性を乱すか、どうかについては平成22年（２０１０年）に開かれた生物多様性条約締結国会議（ＣＯＰ10）でも結論が出なかった。

ついでながら、ゲノム編集操作を利用して太らせた養殖鯛やトマトなど「ゲノム編集食品」が今年から市販される予定である。ゲノム編集とは特定の遺伝子群（ゲノム）を切除したり、不活性化する遺伝子操作技術である。例えば、この方法で筋肉の成長を停める遺伝子を除去した真鯛は、筋肉がよく成長して魚体が肥大する。血圧上昇を抑制する作用があるＧＡＢＡの含量を通常のものより4倍も増やしたミニトマトも開発されている。これまでの遺伝子組換え農産物は食用に適しない外部の生物の遺伝子が組込まれているから食品としての安全性を審査しなければならなかったが、ゲノム編集食品は従来から食用にしている魚や野菜の遺伝子のごく一部が除去あるいは不活性化されているのだから、食べても危害はないと考えてよい。

平成13年、千葉県で狂牛病の牛が発見されると、市場で牛肉がいっせいに敬遠される騒動が起こった。狂牛病は牛海綿状脳症（ＢＳＥ）と呼ばれている牛の病気であり、脳の組織がスポンジ状になって空洞ができるため、牛は神経中枢が働かなくなってよろけたり転んだりする。原因は脳神経細胞のプリオンたんぱくが変質して凝集蓄積するために、神経細胞が変性、壊死することである。この変質したプリオンが人に感染すると変異型クロイツフェルト・ヤコブ病を発症し、患者は神経機能が衰えて呼吸麻痺を起して死亡する。イギリスでは１９９３年（平成5年）ごろから狂牛病に罹る牛が18万頭も発生し、クロイツフェルト・ヤコブ病の患者が延べ１７０人も出ていた。当時、イギリスやヨーロッパ諸国では、高栄養飼料として牛や羊の骨、内臓などを乾燥、粉末にした肉骨粉を使用していたので、それに狂牛病牛の肉骨粉が混入して数十か国で狂牛病が多く発生した。日本でも輸入の肉骨粉を使用していたから、狂牛病の侵入を防げなかったのである。平成15年にはアメリカでも狂牛病に感染した牛が発見されたので、アメリカ産牛肉の輸入がストップした。

農林水産省は輸入肉骨粉の使用を全面的に禁止するとともに、食肉にする牛を解体する際にBSE変質プリオンの汚染を検査する「全頭検査」を実施することに決めた。脳や脊髄に異常プリオンが検出されれば、その牛は全部を廃棄するのである。また、異常プリオンが検出されなくても、脳、脊髄、眼球、回腸遠位部は汚染危険部位であるので除去して食肉にすることを義務づけた。全頭検査は狂牛病の牛が最初に発見された平成13年から始まり、平成22年まで続けられて延1100万頭を超える検査をしたが、BSEに感染していると判定された牛は36頭であり、それも15年以前の感染であった。世界的にも一時は万頭単位で発生していた狂牛病牛がほとんどいなくなったので、BSE検査は次第に中止された。厳重な全頭検査を12年間も継続したのは日本だけであった。

平成23年3月11日、東日本大震災が発生し、福島第一原子力発電所が津波で被災する事故が起きた。そして、溶融、爆発した原子炉から飛散した放射性物質で汚染された農産物や魚貝類を食することによる体内被曝の危険性が問題になった。厚生労働省は食品の放射性物質汚染の暫定規制値を500ベクレル／キログラム（平成24年からは100ベクレル）と定め、この基準を超えた野菜や魚を市場に流通させないよう出荷制限をした。事故後の2年間に23万件の農産物や魚介類を検査したが、この基準を超えていたのは2100件であった。平成24年に近隣18都県で671件の食事を調査をしたところ、その汚染レベルは98％が1ベクレル以下であり、汚染の最大値は4ベクレルであった。4ベクレルで汚染している食事を1年間食べるとしても、それによる内部被爆は0・041ミリシーベルトであり、国が限度としている年間1ミリシーベルトを大きく下回る。幸いにして、近隣住民の食生活については大事に至らなかったのである。

食品産業の規模が大きくなり、製品の流通が全国規模に広がっているので、従来であれば数十人の発生で済んでいた食中毒事故が千人単位で発生するようになった。スーパーに出荷されたカイワレダイコンに腸管出血性大腸菌O－157が付着していて、6000人を超える集団食中毒が起きたのは平成8年である。平成12年には黄色ブドウ球菌の耐熱性毒素に汚染された雪印乳業製品により14000人の食中毒が発生した。食中毒ではないが、乳酸菌や野生酵母の混入による品質事故も一度発生すれば巨大な事故となる。だから、食品工場や外食店では衛生管理を徹底して行うことが従来以上に必要になっている。そこで、平成7年に食品衛生法が改正され、「総合衛生管理製造過程の承認制度（HACCP）」が、乳製品、食肉製品、水産練り製品、レトルト、缶詰、清涼飲料などの食品メーカーに導入されることになった。HACCPとは食品工場で起きる衛生事故を防止する新しい生産管理システムである。食中毒の原因となる微生物、食材に混入する農薬や抗生物質、洗浄剤や殺虫剤、金属片、ガラス屑など、危害物質が混入しやすい生産工程を洗い出し、その工程を「CCP、最重点管理ポイント」として重点的に監視して、危害（Hazard）を許される限度まで小さくするのである。

4　食べものの安全性はどのくらい向上したのか

食物の安全性を損なう化学物質は残留農薬や食品添加物をはじめとして、環境ホルモン、遺伝子組換え農産物、ＢＳＥ牛肉、鳥インフルエンザなどと次々に現れ、事あるごとに「危ない、使うな、食べるな」と大騒ぎになる。また、食品の賞味期限や原産地、原材料などを偽って表示する偽装事件が後を絶たない。

このような事態を解消するために、平成15年、消費者の健康を守ることを最優先にする「食品安全基本法」が制定され、さらに、食物の安全性を専門家が科学的に審査し、消費者の健康を守る対策を答申する食品安全委員会が設置された。これ以来、食品添加物や農薬の使用はそれ以前よりも一層厳しく規制されるようになり、食材の原産地や製造原料などを保証する食品表示制度が拡充され、食品添加物や農薬の違法な使用や虚偽の表示を取り締まる体制も強化された。さらに、平成21年にはこれら消費者行政の司令塔となる消費者庁が発足した。

これらの対策が実施された結果として食品の危険性は一時よりずいぶん小さくなり、日常の食生活には支障がない程度に安全性が確保されている。例えば、殺虫剤が残留基準値を超えて残留している中国産野菜を食べて、運悪く健康被害に遭う危険性はどのくらいあるのであろうか。輸入野菜は空港や港の検疫所で検査を受けているから、残留基準値を超えた農薬が検出される野菜は０・０２％あるかないかである。年間300万トンも輸入される中国産野菜の中で、僅か600トンぐらいの汚染野菜を、1億2600万人の日本人の1人である自分が運悪く食べる羽目になる確率は極めて小さい。しかも、残留基準値とは生涯、毎日食べ続けても健康に悪影響がないと確かめられている安全な残留量のことである。だから、基準値を超えた農薬が残留している野菜であっても、それを一度や二度食べるだけなら直ちに健康に被害があるというものではない。また、運悪くBSE感染の牛肉を食べてしまい、それがもとになって運悪くクロイツフェルト・ヤコブ病を発症する人は、1億2600万人の日本人の中で1年に0・004人もいないだろうと推定されている。これは1000万分の1の危険性よりさらに1万分の1小さい危険である。アメリカの環境保護庁では100万分の1以下の可能性で生じる小さな危険ならば、防ぎようがないから安全であるとみなすことにしている。

しかし、危険に出会う確率の数字がこのように小さければ、人々は安心するかといえば必ずしもそうではない。年末ジャンボ宝くじの特等賞金5億円を手にすることができる確率は1千万枚に1枚であるから、当選することなどとうてい期待できないのであるが、人々ははかない期待をして宝くじを買う。食品添加物や残留農薬、BSE汚染牛肉などにより1000万人に1人あるか、ないかの不幸な被害者になるかもしれないと心配するのは、特等に当選することなど期待できないと知りつつ宝くじを買うのと同じ心理である。科学的根拠に基づいて客観的に判断した「安全」と、消費者自身が主観的に判断する心理的な「安心」とは別のものだということである。

このことを説明することなく、一部のマスメディアの無責任な報道が消費者の食品不安を必要以上に煽りたてている。科学的説明を十分にせず、「科学でもわからないことがある」、「今は安全でも将来は分からない」、「食べ物の危険は直接に命を脅かす」などと、消費者の感情に訴えるから不安が高ぶるのである。食品の安全性を確保している仕組みを理解し、安心するか、しないかを決めるのは消費者自身である。「科学は難しい」と敬遠し、「科学といえども全てが分かるはずがない」と反論していては、いつまでも安心することはできない。説明は理解できるが、食品のメーカーや販売業者は危ないものを平気で使ったり、偽装したり、隠したりすることがあったから信用できない、安心できないという人もいる。しかし、これまで経験したこともない遺伝子組換え農産物やダイオキシン汚染、ＢＳＥ汚染牛肉などがどれだけ危険なのか、主婦の常識や経験だけで判断できるわけがない。例えば、「遺伝子」を食べるのは怖いという人がいる。遺伝子は生物の細胞に必ず存在するものだから、肉も野菜も遺伝子の塊であるといってよい。牛肉を食べれば当然ながら牛の遺伝子を食べることになるが、牛の遺伝子が私たちの体内で働き、発現することはない。そのようなことが起きるなら、私たちは牛になってしまうではないか。

このようなことでは社会全体として「科学的には安全になっているのに、心理的に安心できない」という困った状態が続く。必要以上に厳しい検査や規制を実施しても、効果はそれほどに期待できず、費用が嵩むばかりである。これからは、必要以上の安全性を保証することを行政、生産者、販売業者に押しつけていないで、消費者自身も専門家の説明をよく聞いて安全になっていると理解し、安心することにしてはどうだろう。アメリカでは食品医薬局（ＦＤＡ）によって科学的に審査して安全であると保証された食品ならば、安全であり、安心してよいと受け容れている。遅ればせながらわが国でも、平成15年に食品の安全性を科学的に審査する食品安全委員会が、科学者、学識経験者、消費者代表を集めて発足している。日本の消費者もそこで行われる公平な科学的審査を信用して安心するようにしたいものである。

第6章　肥満と生活習慣病が蔓延している

1　食べ過ぎて肥満者が激増している

食べものが有り余るほど豊かになったので、人々はつい食べ過ぎて肥満になりやすい。肥満者の割合は40年前に比べると男性では倍増していて30歳から69歳の男性は3人に1人が肥満であり、女性でも40歳以上は4人に1人が肥満である。中高年者は基礎代謝量が若い頃に較べて低下しているにもかかわらず、それに合わせて食事の量を減らしていないから過食になりやすい。例えば、50~69歳の男性は1日に必要な食事エネルギーが2000キロカロリーであるのに、平均して2240キロカロリーも食べているから10%の過剰摂取になっている。女性も60歳以上になると15%の過剰摂取である。そこへ運動不足が重なって肥満になるのである。青壮年層では脂質エネルギー摂取量が増加して、適正摂取比率である25%を超えているので肥満になりやすい。

日本人の栄養状態が一番よかったのは昭和60年頃である。戦後、我が国では米食中心、つまり澱粉質を多く食べる食生活から脱却して、肉類や乳製品など動物性食品を多く摂る欧米型の食生活をするようになった。その結果、昭和60年ごろにはタンパク質、脂肪、糖質の摂取が理想的なバランスになり、国民の体位が向上し、平均寿命が延びて世界のトップクラスになった。ところがそれ以降、三度の食事を栄養バランスよく摂るという食生活の基本が乱れ、栄養の過不足が生じるようになった。年齢層別にみてみると、男女ともに15~39歳で平均摂取カロリーが所要量に較べて8~13%も少なく、60歳以上は逆に11%も多い過剰摂取である。タンパク質は40歳以上の世代なら10%から20%多く摂りすぎている。脂質は15~39歳の世代で適正とされる総エネルギーの25%を超えて過剰に摂取している。

欧米諸国では1日に3000キロカロリー以上もある食事を摂り、しかも肉料理が多いので脂肪の過剰摂取による肥満、高血圧症と動脈硬化が増え、心臓疾患が多発

	タンパク質	脂質	炭水化物	エネルギー摂取量
昭和30年	13.3	8.7	78.0	2,104kcal
50年	14.6	22.3	63.1	2,226kcal
55年	14.9	23.6	61.5	2,119kcal
60年	15.1	24.5	60.4	2,088kcal
平成2年	15.5	25.3	59.2	2,026kcal
7年	16.0	26.4	57.6	2,042kcal
12年	15.9	26.5	57.5	1,948kcal
14年	15.1	25.1	59.8	1,930kcal

0　20　40　60　80　100%

図6-1　栄養素摂取バランスの改善

厚生労働省　国民健康・栄養の現状　による

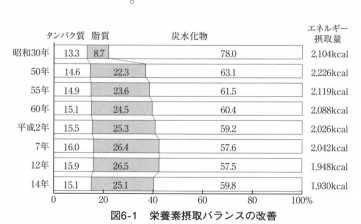

している。ところが、日本では戦後、食生活の内容が改善、充実したにもかかわらず国民1人当たりの摂取カロリーは平均して1日あたり2200キロカロリーを超えることがなく、脂肪の過剰摂取になることもなかった。ご飯の量を減らしたといっても、昭和60年頃まではまだまだご飯中心の食事であることには変わりはなく、そして、動物性タンパク源として肉ではなく脂肪の少ない魚を主に食べてきたからである。ところが、その後、米飯を食べることが更に減り、肉類の摂取が増えて、魚の摂取が減少した。その結果、脂肪の摂取が上限とされている総カロリーの25%を超えて29%に増えた。それと共に中高年者の肥満が急激に増加し始めて、生活習慣病が蔓延してきたのである。肥満者の割合は40年前、昭和の時代に比べると、50歳以上の男性なら倍増している。

2　なぜ肥満者が増えたのか

肥満になる主な原因はきわめて単純で、食物カロリーの摂

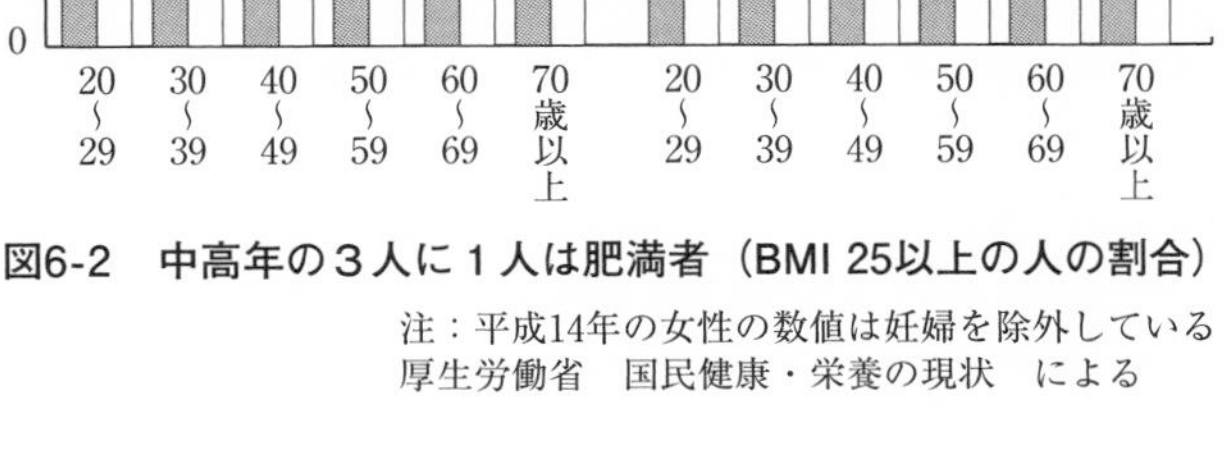

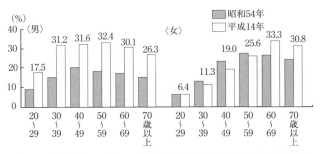

図6-2　中高年の３人に１人は肥満者（BMI 25以上の人の割合）

注：平成14年の女性の数値は妊婦を除外している
厚生労働省　国民健康・栄養の現状　による

取量が消費量より多すぎるからである。人類は誕生以来400万年、絶えず食料不足に悩まされてきたから、人体の栄養代謝機能は飢えに耐えられるようにできている。食べられるときに余分に食べて体内に脂肪を蓄えておいて、飢餓になったときにそれを分解して使うのである。人類を飢えから守り、ここまで生き残ることを可能にしたこの仕組みが、過食、飽食をする時代には適応できず、肥満を引き起こしているのである。食料の不足を感じなくなったのは先進国でも最近の50年のことであるから、私たちの身体は常に過剰の食物を摂り続けることにまだ慣れていない。摂り過ぎた食物のエネルギーは容赦なく脂肪となって体内に蓄積されるから、肥満になるのである。おいしいものを食べると脳内に分泌されるβ－エンドルフィンやドーパミンなどが心地よい感情を生じさせるから、空腹でなくてもなにか食べよう、もっと食べようという行動を引き起こすのである。また、中高年者が食べ物をあればあるだけ残さずに食べようとするのは、食べものが足りなかった戦後の時代に空腹に悩まされたことの心理的な後遺症である。

肥満の原因になる食べ過ぎを調節する生理的仕組みは複雑である。食欲の調節は、大脳の視床下部にある摂食中枢と満腹中枢が動脈血と静脈血のグルコース濃度の差によって交互に刺激されることで調節される。空腹になり動脈血のグルコース濃度（血糖値）が減ると、静脈血のグルコース濃度との差が小さくなるので摂食中枢が興奮して食欲が高まり、食事をすると動脈血の血糖値が上がりグルコース濃度差が大きくなるから、満腹中枢の活性が亢進して食欲を抑える。

食欲の調節には、このほかに2種類の食欲調節ホルモン、レプチンとグレリンが関係している。食事をして満腹になると脂肪細胞から分泌されるレプチンと空腹になると胃から分泌されて食欲を起すグレリンである。食べ過ぎて体脂肪が蓄積されるとレプチンの分泌が増えて、大脳の視床下部のレプチン受容体を刺激して食欲を抑える。逆に、体脂肪が減ってレプチン濃度が下がると、食欲が増大する。しかし、肥満患者の多くはレプチンの血中濃度が高くなっても食欲が抑えられない。その訳は、レプチンの刺激をレプチン受容体が感知しにくくなる「レプチン抵抗性」が生じているからである。

肉食を中心にして1日4000キロカロリーもある食事をしているアメリカでは、すでに1970年代から肥満者が増え、それが原因となり心臓疾患が多発していた。そこで、1975年、上院の栄養問題特別委員会はマクバガンレポートを取りまとめて、高カロリー、高脂肪の食事を減らすよう勧告した。そのまま放置すれば成人の過半数が肥満になると予想されたからである。その頃は肥満率がアメリカより低かったヨーロッパでも、1980年代以降になると肥満率が3倍になった。日本でも「健康日本21」と名づけた21世紀の国民健康づくり運動において、肥満者の比率を20～60歳の男性で15％以下に減らすことを目標にしている。低開発国においても、食料が豊かになると高カロリー、高脂肪の食事をするようになるから肥満者が増える。バングラデシュでは肥満者が1996年の3％から2003年には12％に、ケニアでは1993年の15％から26％に増えている。すでに中東諸国では人口の4分の1が体重超過になっている。豊かになると太ることは世界に共通していて、地球上には飢えて痩せている人が10億人いるが、食べ過ぎて過体重や肥満になっている人は既に世界人口の3分の1、22億人もいる。

日本で肥満が急激に増えた今一つの原因は高齢者が激増したことである。昭和60年には日本の全人口の10％に過ぎなかった65歳以上の高齢者人口が、現在では27％に増えている。中高年者は壮年者に較べて基礎代謝量が少なくなり、運動量も減っているから、毎日の食事の量を若いころより2割ほど減らさなければ食べ過ぎになる。座って仕事をしていることが多い50～69歳の男性であれば1日に必要なエネルギーは２０５０キロカロリーであるのに、平均して２２００キロカロリーも食べているから肥満になる。女性も50歳以上になると同様に食べ過ぎている。ライオンは空腹でなければ、獲物が目の前を通り過ぎても襲うことはない。人間は空腹でもないのに食べるから、肥満が増えて生活習慣病を誘発するのである。

しかし、日本人に肥満が増えたことについて腑に落ちないことがある。日本人が1日に摂取している食物エネルギーは、昭和50年の平均２２２６キロカロリーをピークとしてそれ以降は現在の１８５０キロカロリーまでずっと減少し続けているのに、肥満者の割合は逆に2倍近くまで増え続けていることである。これは高齢化社会になったことが大きな原因である。中高年になるとエネルギー所要量が減少するので節食しなければ食物エネルギーの過剰摂取になる。車社会、ＩＴ社会になって体を動かすことが少なくなり消費エネルギーが減ったことも原因として挙げられる。

食事の内容が洋風に変わったことも原因である。戦前の日本人はご飯を3杯も4杯もお代わりしていたが太ることが少なかった。炭水化物に偏った食事をしていると睡眠中のエネルギー消費量が増え、インスリンの分泌が半減するから体重が増えにくいのである。だから、昭和60年頃になってタンパク質、脂肪の摂取が増えて栄養素のバランスが良くなると、食事のエネルギー効率が高まり肥満が増えることになったのである。脂肪の摂取量が昭和60年頃から増え続けていることも原因の一つであろう。総摂取エネルギーは増えていなくても、脂質エネルギーの摂取が増加しているのである。炭水化物やタンパク質は余分に摂取してもエネルギーとして消費されやすいが、脂肪は摂りすぎるとそのまま体内に蓄積されるので肥満になりやすい。

最近、ゲノム解析が進み、肥満に関係する遺伝子の1塩基性多型（SNP）が日本人に多いことが指摘されている。狭い耕地で農作物に頼って生活してきた日本人はしばしば飢餓に悩まされてきた。そのため、脂肪を分解して熱に変える脱共役タンパク質に関係するβ3アドレナリン受容体（β3AR）や脂肪蓄積を調節するレプチンの受容に関係するペルオキシソーム増殖促進因子受容体（PPAR）の多型など、エネルギーを節約して脂肪を蓄積する遺伝子が白人に比べて日本人に多いのである。このような遺伝体質を持っている日本人であるから、脂肪の多い高エネルギーの食事を摂ればより肥満しやすいといってよい。

この他には、食事の仕方が問題になる。加工食品など柔らかい食品が増えたのでよく咀嚼して食べることが少なくなった。よく咀嚼をしないとインスリンの分泌が悪く、食事による産熱が少なくなるので、その分だけ多く脂肪に変わりやすい。忙しいので早食いすることが多くなっているが、満腹感を感じるには食べ始めてから15分ぐらいかかるのでつい食べ過ぎることになる。一度に大食すると、インスリンの分泌が高まりグルコースの吸収、脂肪への転換が多くなるから、朝食を抜いて昼はそばで済ませ、夜遅い時間にドカ食いをすると肥満になりやすい。朝食で摂ったカロリーは日中の活動で消費されるが、夕食で摂ったカロリーは休息、睡眠中にグリコーゲンや脂肪に変わりやすい。だから、仕事が忙しく深夜に食べることが続くと、肥満になりやすい。

肥満の増加とそれに伴う生活習慣病の蔓延は、食べるものに不自由をしない豊かな食生活、車やIT技術を活用する忙しい日常生活、急速に進行する高齢化など、現代社会の変容がもたらした社会現象であると言ってもよい。

3　肥満になると生活習慣病を誘発する

食物として摂取したエネルギーが身体で消費するエネルギーを上回る状態が長く続くと、過剰になったエネルギーが脂肪に変わって皮下組織や内臓周辺に蓄積され、体重が増え肥満になる。肥満になるとほとんどの生活習慣病が進行し始めるので注意しなければならない。

日本人の標準体脂肪率は成人男子なら体重の15〜18%、女子なら20〜25%であり、それが男子なら

25％、女子なら30％以上になると肥満である。体脂肪量は簡易に測定しにくいので、体重と身長から次式によりBMIを計算して肥満の度合いを判定する。

BMI（肥満度）＝体重（キログラム）÷身長（メートル）の2乗

疫学調査によると、男女ともにBMIが22であると生活習慣病などにもっとも罹りにくいので、身長（メートル）の2乗×22を標準体重（キログラム）と定め、標準体重の±10％以内なら正常、±20％以上になると肥満、または痩せ、その中間を過体重または痩せ気味とするのである。この計算ではBMI26・4以上が肥満となるが、判定を厳しくして25以上が肥満、18・5以下が痩せと判定する。身長が165センチメートルなら、標準体重は59・9キログラムだから、体重が68・0キログラム以上になると肥満である。

平成27年の国民健康・栄養調査によると、男性は30歳代から60歳代まで3人に1人が肥満、女性は50歳代から70歳代で4人に1人が肥満である。40年前までは男性の肥満者は5人に1人もいなかったのであるから、それ以来、肥満になっている人が著しく増加しているのである。なお、20歳代の女性は4人に1人、30歳代でも6人に1人が痩せと判定されている。痩せている若い女性が増えたのは、美容のために過度のダイエットをすることが多いからである。

肥満はすべての生活習慣病のきっかけになる。食べ過ぎて過剰になったエネルギーは脂肪に変わって皮下組織や内臓周辺の脂肪細胞、特に内臓周辺の脂肪細胞に多く蓄積される。内臓周辺の脂肪細胞は余剰の脂肪を蓄積するだけではなく、食欲を調整するレプチンやインスリン抵抗性を生じるTNF－α、血圧を調節するアンギオテンシノーゲン、血栓形成を促進するPAI－1などの生理活性物質を分泌する内分泌器官として働く。だから、肥満、ことに内臓脂肪が蓄積した状態が長く続くと数多くの生活習慣病が誘発されやすくなる。

もともと、肥満すれば体重が増え、交感神経が亢進して血液量と心拍出量を増やすから、末梢血管の抵抗が増加して高血圧になりやすく、体重が1キログラム増えると血圧は1～1・5水銀柱ミリメートル（mmHg）上昇するといわれている。内臓の周辺に脂肪が蓄積する内臓肥満になると、末梢組織でのグルコースの取り込みを助けるインスリンの働きが阻害されるので、糖尿病が誘発される。また、内臓脂肪が増えると、血液中の脂肪酸が多くなってインスリンの働きが鈍くなり、より多くの

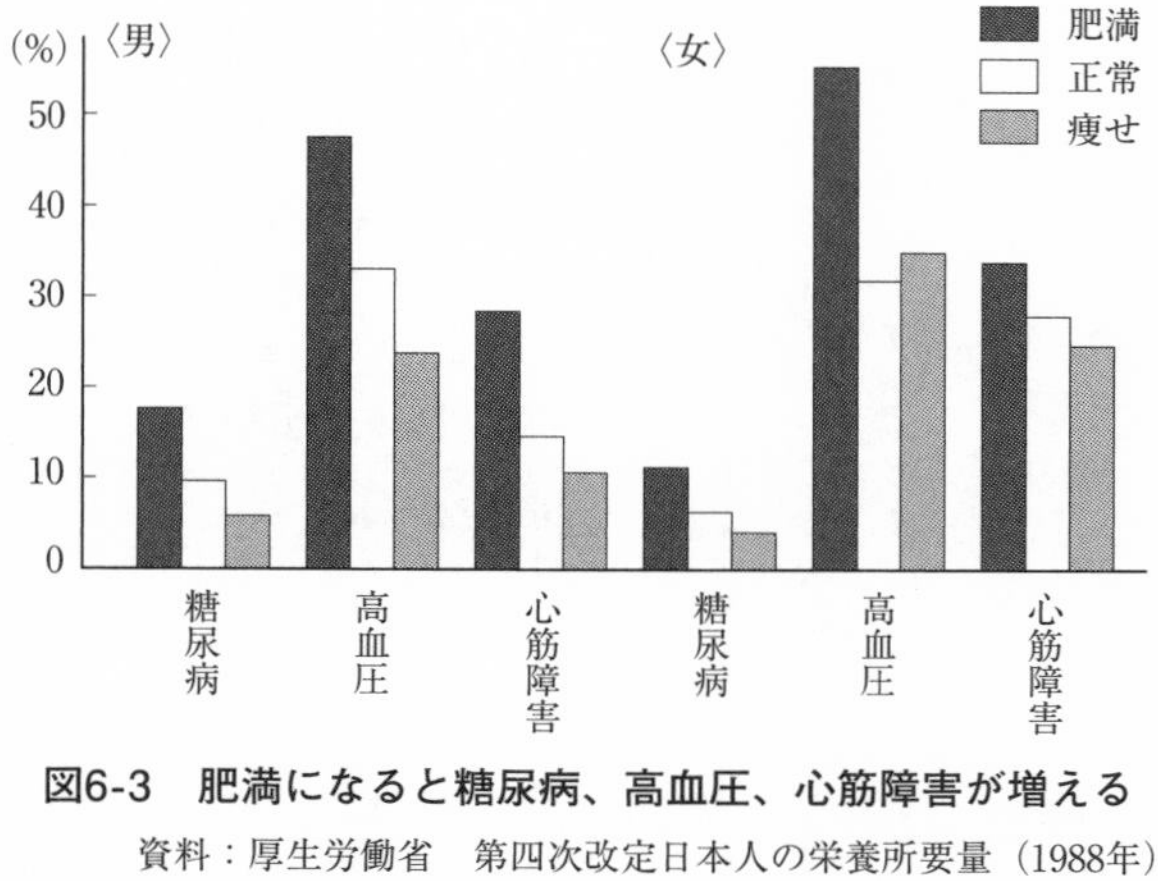

図6-3　肥満になると糖尿病、高血圧、心筋障害が増える

資料：厚生労働省　第四次改定日本人の栄養所要量（1988年）

インスリンを分泌しようとして膵臓の負担が多くなり糖尿病を発症しやすくなる。こうして、血糖値が高くなるとその糖を脂肪に変える脂肪合成が始まるので、血液中の中性脂肪、コレステロールが高くなり高脂血症になる。これらの症状が複合して進行すると、動脈硬化が生じて高血圧、虚血性心臓疾患や脳梗塞などを発症するリスクが20倍にもなる。

生活習慣病は高血圧症、あるいは高脂血症と単独で進行することは少なく、いくつかの疾患が相互に関係し合いながら同時に進行する。たとえば高血圧の例を挙げてみる。体内の血液は心臓のポンプ作用により大動脈を経て末梢の毛細血管に送られ、ついで静脈を通って心臓に戻ってくる。血圧とはこの動脈を流れる血液の圧力のことである。高齢になると細動脈の抵抗が大きくなり、その抵抗に打ち勝って血液を送らねばならないから血圧が高くなる。血液中の中性脂肪やコレステロールが多い高脂血症になっていると、動脈硬化や狭窄が生じてくるので、血流に対する抵抗がより大きくなって高血圧がひどくなる。慢性的に血糖値が高くなっている糖尿病になると、毛細血管の肥厚が生じてくるから血流への抵抗が大きくなり高血圧になりやすい。高血圧がひどくなると心臓の負担を大きくしても血液が十分に送れず、心臓に局所的な貧血を生じて狭心症や心筋梗塞を誘発し、脳血管に溢血や血栓を生じれば脳溢血や脳梗塞となるのである。

このように生活習慣病は個々に独立した病患のように見えるが、実は過剰栄養によって内臓周辺に脂肪が蓄積した内臓肥満から誘発され、お互いに関連して進行する「内臓脂肪症候群（メタボリックシンドローム）」なのである。高血圧症、高脂血症、糖尿病がなければ心筋梗塞の発症は少ないが、高血圧症あるいは糖尿病があると2倍、どちらもあると8倍、さらに高脂血症も加わると実に35倍にも発症の危険が増える。これらを予防するには、まずＢＭＩが22程度になるように体重をコントロールして肥満を解消しなくてはならない。

高血圧症、高脂血症、糖尿病などは加齢とともに罹りやすくなる成人病、老人病であるが、平成８年以降は生活習慣病と呼ぶように改められた。なぜなら、これら疾患が発症し、進行するのに過食、運動不足、喫煙、飲酒などの生活習慣が大きく関わっていることが解明されたからである。生活習慣病は、その初期において生活習慣を改善して進行を遅らせ、高血圧症、高脂血症、糖尿病というはっきりした病態にならないようにする「一次予防」が大切である。加齢に伴う成人

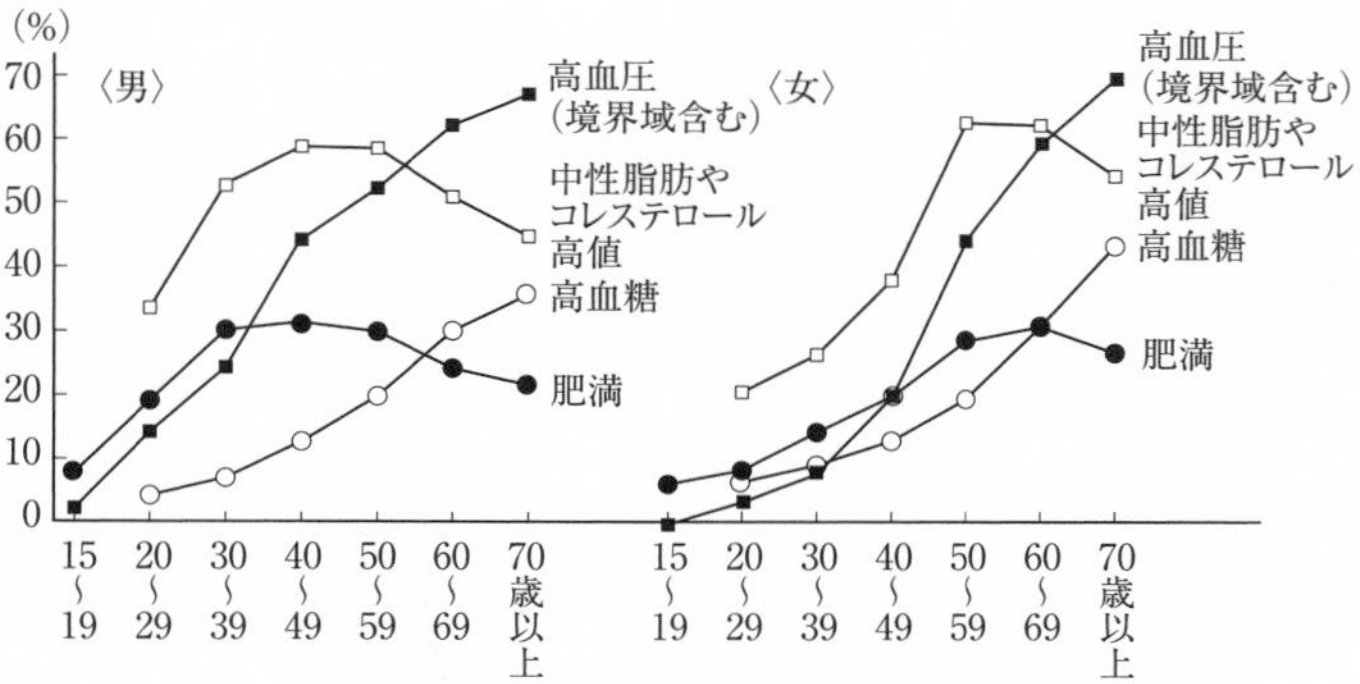

図6-4　中高年には生活習慣病が蔓延

注：肥満：BMI（体重kg/（身長m）^{2}）25以上、総コレステロール高値：220mg/dl以上、中性脂肪高値：150mg/dl、高血圧：収縮期血圧140mmHg以上または拡張期血圧90mmHg以上、高血糖：110mg/dl以上

厚生労働省　平成11年国民健康・栄養調査による

病ではあるが、生活習慣を改善すれば進行を遅らせることが出来る病気なのである。

平成18年の国民健康・栄養調査によれば、50～69歳の男女は60～80％が境界型を含めた高血圧、15～30％が高脂血症、20～35％が糖尿病である。高血圧症の患者は4000万人、糖尿病患者は予備軍を含めて1900万人、骨粗鬆症の人は1000万といわれている。これらの疾患に重複して罹っている人が多く、生活習慣病患者は人口の3分の1、約4000万人に達している。そして、内臓脂肪面積が100平方センチメートルを超えて、腹回りが男性なら85センチメートル、女性なら90センチメートル以上になり、さらに高血圧、高血糖、高脂血の初期症状が2症状以上現れているならば、「メタボリックシンドローム（内臓脂肪症候群）」と診断される。該当する人は40歳以上で男性は4人に1人、女性は8人に1人、男女合計で1000万人、予備軍を合わせると1400万人と推定されている。メタボ肥満は生活習慣病の前段階であるから早期に解消しなければならない。

肥満と生活習慣病の蔓延は、腹八分目に食べて健康に過ごすことを忘れ、欲しいだけ食べることから始まったのであり、そして国民医療費や介護費を増大させて国家の財政を圧迫している。生活習慣病は平成という飽食社会が生み出した「食源病」であると同時に大きな「社会病」でもある。

4　健康食品に頼って健康を維持することはできない

朝は忙しいからといって朝食を摂らない人が増えて20代の男性では4人に1人、女性では5人に1

人にもなっている。男女ともに40年前に較べると2倍近くに増えているのである。20代の若者の半数は朝食を毎日は食べていない。朝はぎりぎりまで寝ていて忙しいというのがその理由である。朝食を抜くだけではない。昼食を外食で済ます人は20歳代から40歳代の男性なら2人に1人以上、女性でも5人に2人弱いる。夕食も若手のビジネスマンなら2人に1人、OLでも3人に1人は外食で済ましている。20~39歳の世代でみれば、1日に3回、きちんと食事をする人は男性で62%、女性で76%に減っている。

これらの人々は、昔のように食料が乏しいから食べずに我慢しているのではなく、忙しいから食べないのであり、食べることが面倒であるから食べないのであり、規則正しく食事を摂ることが健康維持に欠かせないことを忘れているのである。その結果、20歳代では平均してみると男女ともにカロリー摂取量が所要量に比べて20%近くも足りなくなっている。また、中食や外食の利用が多くなると食事内容のコントロールが難しくなる。コンビニエンスストアやスーパーマーケットの弁当、ファーストフードなどは、高タンパク、高脂肪であり、魚介類、野菜類、海藻類が不足している。空腹さえ満たせばよいと考えて、バランスの良い食事をすることを忘れているために、これだけ食料の豊かな時代でありながら若年層には栄養不足が起きているのである。また、20歳代の女性は行過ぎたダイエットをすることが多く、そのために痩せすぎになっている人が40年前の2・2倍にも増えて26%にもなっている。妊娠中にも体重を増やさないように食事を制限するので、体重2500グラム以下の低体重児の誕生が増えて新生児の9％を占めるようになっている。

もっとも、主食、主菜、副菜を基本にしたバランスのよい食事をしなければならない、もっと運動をしなければならないと思っていても、忙しい日常生活のなかでは実行しにくい。飽食と運動不足の毎日を過ごし、加工食品や外食に頼る人任せの食生活を送っていると、当然ながら自分の食生活に自信が持てなくなり、3人に2人は将来の健康に大きな不安を感じている。また、誰しも老齢になっても健康で元気よく過ごしたいと思うのであるが、中高年者には生活習慣病が蔓延していてそれができかねている。そこで体によいと宣伝されている「健康食品」を利用する人が増えているのである。

「健康食品」とは、体の調子を整えて健康を増進する効果（保健効果という）がある食品やサプリメントなどである。食物の主な役割は、生命を維持するために炭水化物、タンパク、脂肪、ビタミン、ミネラルなど栄養素を補給することであるが、その他に体の調子を整え健康状態を良好にして疾病を予防する「保健効果」がある。日常に食べている食材には栄養素のほかに保健効果がある「機能性成分」が含まれていて、体の調子を整えて高血圧症や糖尿病などになるのを予防していることが科学的に証明されている。健康食品とは、このような保健効果がある食品成分（機能性成分、フードファクターともいう）を多く含んでいる食品やサプリメントのことである。

健康食品が市場に登場し始めたのは昭和40年代のことであるが、健康ブームに便乗して多種多様な健康食品が販売されるようになり、保健効果が期待できるもの、出来ないものなど玉石混交の状態になってきた。そこで、厚生労働省は平成13年に世界に先駆けて「保健機能食品制度」を発足させ、人を被験者にした臨床試験を行って特定の保健効果があると証明できた食品を「特定保健用食品（トクホ）」として認可することにした。また、栄養効果があるビタミンとミネラルについて、その1日摂取目安量を補給する錠剤やカプセルを「栄養機能食品」として認可することにした。また、平成27年からは、特定の保健効果があると証明されている機能性成分を多く含んでいる食品やサプリメントであれば、個別に臨床試験を実施しなくても、「機能性表示食品」として販売できるようになった。

現在では**表6－1**に示すように、整腸作用、高血圧抑制、血糖値上昇抑制、体脂肪蓄積抑制などの保健効果がある特定保健用食品（トクホ）が市販されていて、それらに含まれている機能性成分は食物繊維、乳酸生菌、オリゴ糖、機能性ペプチド、必須脂肪酸、ＥＰＡ、ＤＨＡ、ヘム鉄、ＣＣＭ、大豆イソフラボン、茶葉カテキンなどである。機能性表示食品については**表6－2**に示した。その外に、古くから健康によいと信じられてはいるが、有効な成分がはっきり特定できず、効果試験も実施されていない健康食品がある。代表的なものは民間療法に使われてきた朝鮮人参、すっぽん、クロレラ、アロエやプルーンなどの成分を抽出、濃縮して錠剤やカプセルに加工したものであり、科学的根拠のある特定保健用食品、機能性表示食品と区別して「一般の健康食品」として販売されている。

現在のところ、特定保健用食品、機能性表示食品、栄養機能食品、その他の一般健康食品を合せると約５０００種類の健康食品が販売されていて、年間総売上高は１・６兆円、その利用者数は５７０

0万人と推定されている。このうちで、特定保健用食品（トクホ）として認可を受けているものは1087商品であり、その年間売上額は6400億円、機能性表示食品として届けられたものは2170商品、売上額は2400億円であると推定される。内閣府消費者委員会が平成24年に3万人を調査したところ、なんらかの健康食品を「ほとんど毎日」または「たまに」使う人は合せて6割もいて、50歳以上の人ならば3割の人がほぼ毎日使っているという。

表6-1　特定保健用食品に使われている保健機能成分

表示内容	保健機能成分（関与成分）
お腹の調子を整える食品	イソマルトオリゴ糖、ガラクトオリゴ糖、キシロオリゴ糖、フラクトオリゴ糖、大豆オリゴ糖、乳果オリゴ糖、ラクチュロース ポリデキストロース、グアーガム分解物、サイリウム種皮由来の食物繊維、難消化性デキストリン、小麦ふすま、低分子化アルギン酸ナトリウム、ビール酵母由来の食物繊維、寒天由来の食物繊維 ビフィズス菌、乳酸菌など
血圧が高めの方に適する食品	カゼインドデカペプチド、かつお節オリゴペプチド、サーデンペプチド、ラクトトリペプチド、杜仲葉配糖体
コレステロールが高めの方に適する食品	キトサン、サイリウム種皮由来の食物繊維、リン脂質結合大豆ペプチド、植物ステロールエステル、植物ステロール、低分子アルギン酸ナトリウム、大豆タンパク質
血糖値が気になる方に適する食品	L-アラビノース、グァバ葉ポリフェノール、難消化性デキストリン、小麦アルブミン、豆鼓エキス、サラシア・サラシノール
ミネラルの吸収を助ける食品	CCM（クエン酸リンゴ酸カルシウム）、CPP（カゼインホスホペプチド）、フラクトオリゴ糖、ヘム鉄
食後の血中の中性脂肪を抑える食品	グロビン蛋白分解物　ウーロン茶重合ポリフェノール
虫歯の原因になりにくい食品	マルチトール、パラチノース、茶ポリフェノール、還元パラチノース、エリスリトール
歯の健康維持に役立つ食品	カゼインホスホペプチド-非結晶リン酸カルシウム複合体、キシリトール、マルチトール、リン酸一水素カルシウム、フクロノリ抽出物（フノラン）、還元パラチノース、第二リン酸カルシウム
体脂肪がつきにくい食品	植物性ステロール（β-シトステロール）
骨の健康が気になる方に適する食品	大豆イソフラボン、乳塩基性タンパク

平成28年より「皮膚の乾燥を抑制する食品」グルコシルセラミドが追加された。

表 6-2　機能性表示食品の機能表示

分類	表示内容の例	機能性関与成分の例
脂肪	・内蔵脂肪等体脂肪を減らす機能 ・血中中性脂肪を減らす機能	酢酸、甘草由来グラブリジン、EPA・DHA、葛の葉由来イソフラボン、プロシアニジン
お腹の調子	・便通を改善し、腸内環境を整える機能 ・お腹の調子を整える機能	ビフィズス菌、難消化デキストリン、クロロゲン酸
血圧	血圧が高めな方の血圧を下げる機能	ラクトトリペプチド、α-リノレン酸、鰯ペプチド、GABA、ヒハツ由来ピペリン
血糖	食後血糖値の上昇を穏やかにする機能	難消化デキストリン、大麦β-グルカン、サラシア由来サラシノール、アルギン酸Ca
コレステロール	血中コレステロールを低下させる機能	大麦β-グルカン、リコピン、キトサン、α-リノレン酸
目	・手元のピント調節機能を助ける機能 ・黄斑部の色素量を維持して目の調子を整える機能	ルテイン、アスタキサンチン、ゼアキサンチン、アントシアニン
目、鼻	目や鼻の不快感を軽減する機能	メチル化カテキン
肌	・水分保持に役立ち乾燥を緩和する機能 ・潤いに役立つ機能	ヒアルロン酸Na、米由来グルコシルセラミド、N-アセチルグルコサミン
筋肉	筋肉量及び筋力の維持・低下抑制に役立つ機能、歩行能力の改善に役立つ機能	3-ヒドロキシ-3-メチルブチレート、乳スフィンゴミエリン、5,7-ジメトキシフラボン、ロイシン
骨	・骨代謝の働きを助ける機能 ・丈夫な骨を維持する機能	β-クリプトキサンチン、大豆イソフラボン
膝	膝関節の曲げ伸ばしを助ける機能	コラーゲンペプチド、非変性II型コラーゲン
体温、末梢血流	寒い季節や冷房条件下において体温（末梢血流）を維持する機能	モノグリコシルヘスペリジン、ショウガ由来ポリフェノール、ラクトトリペクチド
睡眠	・夜間の健やかな眠りをサポートする機能 ・起床時の疲労感や眠気を軽減する機能	テアニン、セリン
身体的疲労感	日常の生活で生じる身体的な疲労感を軽減する機能	還元型コエンザイム Q10、イミダゾールジペプチド
精神的ストレス	一時的な精神的ストレスを緩和する機能	GABA
認知機能	認知機能の一部である記憶（知覚・認知した物事の想起）をサポートする機能	イチョウ葉フラボノイド配糖体、イチョウ葉テルペンラクトン、DHA、オーラプテン
尿酸	尿酸値が高めのかたの尿酸値を下げる機能	アンペロプシン、キトサン
肝臓	肝機能酵素（GOT、GPT、γ-GTP）に対して健常域で高めの数値の低下に役立ち、健康な肝臓の機能を維持	クルクミン、ビサクロン
オーラルケア	口腔内環境を良好に保つ働きを助ける機能	ラクトバチルスラムノーザス菌L8020株

山本万里「機能性食品とそれに関する表示制度について」『温古知新』56
8号　8　2019年より転載

特定保健用食品（トクホ）は、認定保証マークを付けてその保健効果を表示することが許可されている。しかし、医薬品と混同されないように、その効果表示は厳しく規制されている。例えば、「血圧が気になる人に勧める」、「血糖値が気になる人に勧める」などと表示するのはよいが、「血圧を下げる」、「血糖値が下がる」など医薬品と同様に治療効果があると思わせる表示をすることは禁止されている。もとより健康食品は医薬品と違って誰でも自由に摂取できるものであり、摂取量、摂取期間も厳密には守られない。それに加えて利用者の健康状態、生活習慣も様々であるから、例え特定の保健効果があるものであっても、利用する人によってその効果が現れたり、現れなかったりするのである。また、効果があってもそれは穏やかな効果であり、発症してしまった高血圧症や糖尿病を治療できるほどに顕著なものではない。また、食事を疎かにしていてもこれら健康食品を摂取してさえいれば、健康状態がよくなると誤解する人が多いので、「食生活は主食、主菜、副菜を基本にバランスよく」と注意表示を併記しなければならない。

近年、生活習慣病を予防し、健康への不安を解消しようとして、健康に良いとされている食品や食事に対する関心が高まり、自分の健康は自分の食生活で守ろうという意識が強くなってきたのはよいことである。しかし、健康を維持するにはバランスのとれた食事を規則正しく摂るのが基本であり、保健機能食品や健康補助食品（サプリメント）に頼るのは邪道である。栄養効果があるビタミン、ミネラルや保健効果がある食物繊維、ＥＰＡやＤＨＡ、大豆イソフラボンなどは、1日に20種類ぐらいの食材を組み合わせてバランスのよい食事をしていればその必要量を摂取できる。例え、少し足りなくても、同じような効果のある他の成分で補うことができるから、わざわざ健康食品を摂取して補給するまでもないのである。

最近の調査によると、健康食品やサプリメントを毎月、数千円で購入し、日常的に利用している中高年者が3人に1人はいる。だから、健康食品全体の売り上げが年間1・6兆円を超えていて、主食である米の生産金額に迫るという異常なことになっているのである。もちろん、中高年者の体の不調、疲労感、腰痛、膝痛などは病院で受診しても治りにくいものであるから、元気が出る、疲労が回復する、痛みが和らぐなどとテレビや雑誌で宣伝している健康食品を利用したくなる心理は分からぬでもない。しかし、特定の食物が健康増進や生活習慣病の予防に及ぼす効果をさしたる科学的根拠もないのに誇大に宣伝するテレビや雑誌に惑わされて、「健康に良い食物」探しに走り、「この食品は体に悪い」と聞かされて健康不安に陥るのはつまらない。健康食品さえ摂っていれば健康は維持できると安易に盲信し、毎日の食事を疎かにする「フードファディズム」は、まさに飽食、崩食の平成時代が生んだ食の病態であると言ってよい。

第7章　家庭で調理をすることが少なくなった

1　外食店や持ち帰り弁当、総菜を利用することが多い

調理にかける時間と手間を省くため、生鮮食材よりも加工食品、調理済み食品を使うことが多くなり、昼食はパン、ファーストフード、弁当、持ち帰り惣菜などで済ますようになった。そして、食事をする楽しみはレストラン、飲食店での外食に求めるようになっている。

50年前ごろまでは家族揃って家庭外で食事をすることはほとんどなかったが、大阪万博が開かれた昭和45年、外資系のファーストフード・ショップやファミリーレストランが相次いで進出してくると、日曜日にはマイカーで家族ドライブを楽しみ、帰りにファミリーレストランに寄って食事をすることが流行した。高度経済成長の恩恵を受けて生活に余裕ができ、食事のレジャー化が始まったのはこの頃からである。それから50年経って最近では外食をすることはレジャーでなく日常のこととなり、月に2~3回は家族そろって夕食を外食店で摂ることが珍しくなくなった。20歳代の独身者なら週に2

回は外食店を利用している。外食の市場規模は平成9年には29兆円にまで拡大しているのである。

朝の通学や通勤途中にカフェーかコンビニに寄りテイクアウトしたサンドイッチを会社に着いてから食べ、カップコーヒーをすする。昼はコンビニで弁当とお茶を買い職場で食べる。夜は帰り道のスーパーでパック詰めの揚げ物、煮物とサラダを買い、家で冷凍のパックご飯を温め、インスタントみそ汁にお湯を注いで食べる。このように外食ではないが、調理らしい調理をせずに食事をする機会が増えている。家庭の外で食べる外食ではないが、家庭内で調理して食べる内食でもなく、その中間に位置する「中食」が増えて、食事は家庭で用意するものというこれまでの概念が大きく変わってしまった。持ち帰り弁当屋、コンビニ、スーパーなどで販売されている弁当、総菜、調理パン、おにぎり、寿司などの持ち帰り食品はビジネスマンや学生、高齢者などの昼食、夕食に重宝がられている。中食の総売上高は平成の30年間で急増して現在6兆円になっている。

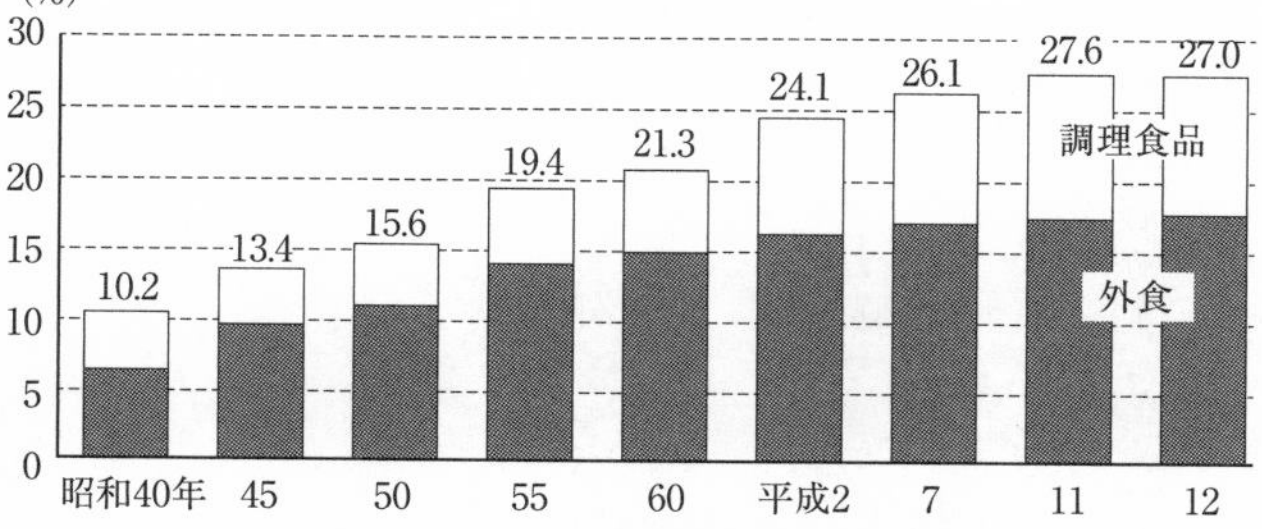

図7-1　外食や調理済み食品への支出が増えた

総務省「家計調査」（全国・全世帯・品目分類）による

平成23年度の家計調査によると、家庭の食費の12％が中食に使われ、20％が外食に支出されている。両方合わせると32％にもなるが、50年前の昭和40年には家庭で調理して食べるのが普通であったからこの比率は10％であった。今では日常の食事の30％は家庭で調理をしないで食べているわけで、若年単身者なら70％にもなるという。単身世帯では食事を作ってくれる人がいないから、調理済み食品を購入するか、外食店で食べるのが多くなるのである。単身所帯は昭和45年には614万所帯であったが、現在では高齢化が進み、若い人たちが結婚をしたがらなくなったので、1680万世帯に増えている。3世帯に1世帯は単身世帯なのである。

生鮮食材を毎日買いに行き、長時間台所に立ち調理をするという家庭での食事つくりは、電気冷蔵庫、冷凍庫、電子レンジの普及と加工食品、特に冷凍食品、レトルト食品を利用することにより著しく軽減された。かくして、食費の42％が加工食品の購入に、32％が中食や外食店の利用に当てられるようになった。食事作りの実に70％が外部に任せられるということは日本の食生活史上はじめてのことである。忙しい現代の生活であり、夫婦そろって職業を持つことが普通になっているのだから、当然の結果かもしれないが、家庭での食事作りが少なくなるのと引き換えに、おふくろの味や食事時の家族の団欒など失ったものも多いのである。家族とは料理をする存在であると言われるように、家庭料理の個別性こそがその家族のアイデンティティを示すのである。何から何まで手作りすることは出来なくなった現代ではあるが、さりとて家庭の食事作りをこれほどまでに人任せにしていてよい訳がない。

2　家庭で調理をすることが少なくなった社会背景

「男子は厨房に入らず」、この言葉はまだ死語になったわけではない。いつになったら食事ごしらえは主婦の専業でなくなるだろうか。昭和30年代から40年代にかけての高度経済成長期には、仕事を求めて農村から都市へ多くの若者が移住してきた。彼らが構えた新居では妻は食事作りと育児に専念する専業主婦であった。娘も学業を終えると職業に就き、結婚あるいは出産すると退職して専業主婦となり家事に専念するのが普通であった。

ところが、高度経済成長が終わる昭和45年ごろから、女性が職業人として活躍するようになった。昭和61年に男女雇用機会均等法が施行されると、若い女性はそれまでの腰掛け勤務をやめて、結婚後もフルタイムで職業を続けるようになった。子育てを終えた中年の主婦は、その頃から増えてきた外食店やスーパーマーケットなどでパート労働者として働くようになった。女性の被雇用比率を見てみると、20～24歳のＯＬ世代では昭和50年には58％、平成15年には62％でそれほど大きな変化はないが、45～49歳の子育てを終えた主婦の世代では32％から61％へと倍増している。職業をもって働く女性が増え、夫婦共働き世帯は全国５３００万世帯のうち１２５０万世帯を超え、逆に専業主婦のいる世帯は１１１４万世帯から６００万世帯に半減している。

成人女性の7割が職業を持って働いているのだから、家事のすべてを女性がすることは肉体的にも、時間的にも無理である。平成28年の総務省社会生活基本調査によると、共働き世帯での炊事、育児など家事に費やす時間は、夫は1日46分であり20年前の倍以上に増えているが、妻は4時間54分でそれほど減っていない。相変わらず食事作りの80％は女性の分担になっているのである。6歳未満の子供を持つ日本人男性が家事を手伝う時間は平均して1日に83分であり、西欧先進国の男性の半分以下であるという。そこで、当然の成り行きとして食事作りにかける手間と時間をできるだけ節減しようとする。厚生労働省が平成12年に行った調査を見ると、**図7－2**に示すように、毎日、三度の食事作りをする主婦は20歳代なら2割と少なく、40歳代から60歳代でも6割強に減っている。料理を作ることを面倒な作業だと考えている女性は若中年層では半数もあり、料理することにやりがいを感じている女性は年齢層に関係なく半分もいなくなった。

毎日、主婦が市場で生鮮食材を買ってきて、台所で長時間かけて調理し、家族そろって食べるという戦前の食事形態から、週末にスーパーでまとめ買いをして冷蔵庫や冷凍庫に保存しておいた食材を使い、あるいは調理済み食品を買ってきて簡単に済ませ、あるいは家族一緒に外食店に食べに行くというように変化したのである。食費の中で生鮮食材への支出は平成の始めには23％であったが、今では16％に減っている。そうして、食事作りにかける時間は、便利な調味料や冷凍食品、あるいはレトルト食品などを利用することにより半減し、朝食を作る時間は平均して15分、3品か4品のおかずを作る夕食でも40分もあれば十分になった。主婦たちが料理レシピ検索サイトを検索するキーワードの第一は「簡単」だそうである。料理をするにしても、短時間で手早く料理を作りたい人が増えているのである。ごく最近の朝日新聞のモニター調査によると、1日に平均して料理にかける時間は1時間未満であると答えた人が半数であった。

　食事つくりを家族に対する愛情であり、また義務でもあると考えている女性が少なくなり、毎日、三度の食事づく

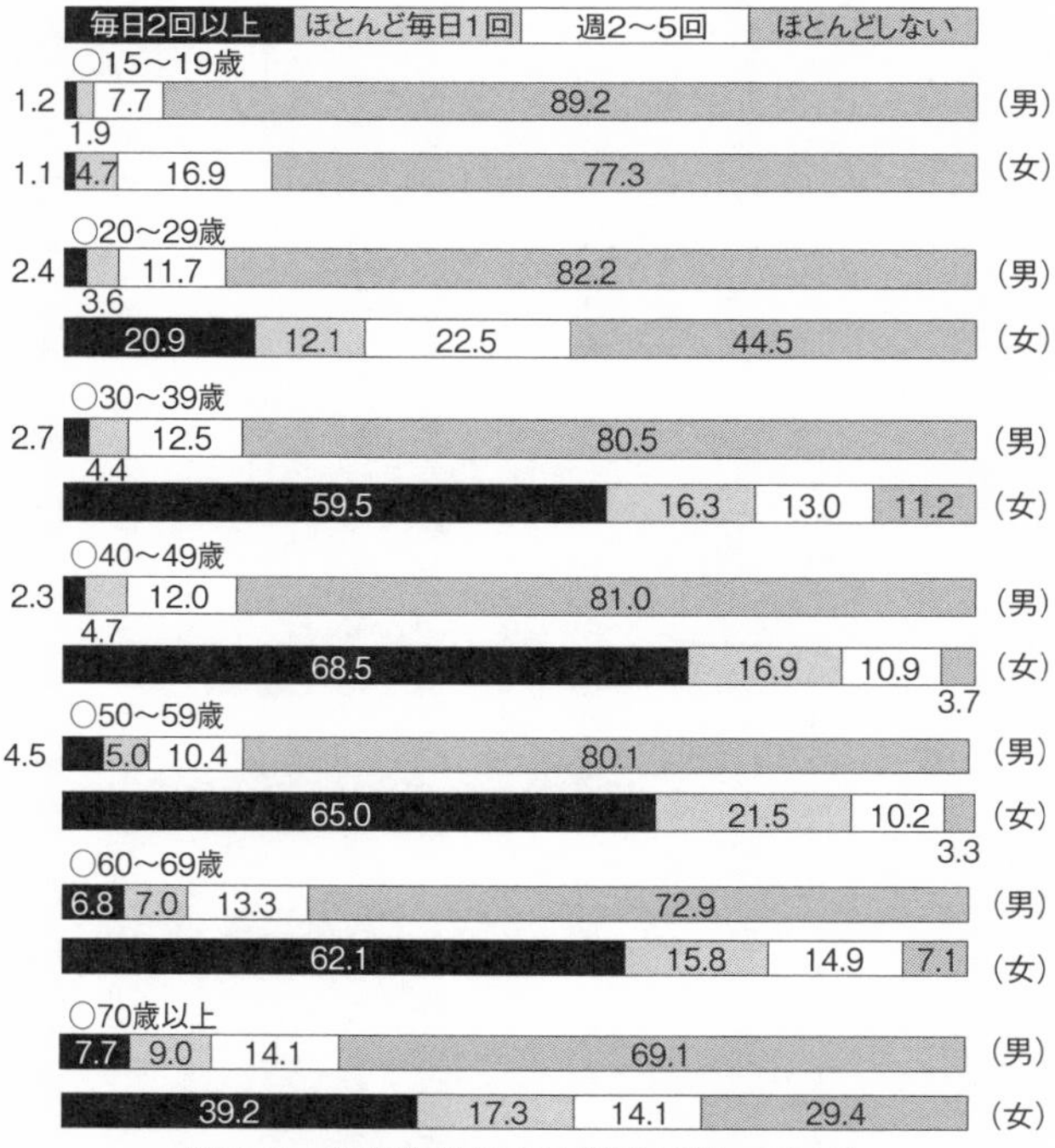

図7-2　食事作りをする頻度が減っている

厚生労働省　平成12年度　国民健康・栄養の現状　による

りをきちんとする女性が少なくなった。２、３年前に朝日新聞が１７００人のモニター調査をしたところ、主婦が毎日、三度、料理をしている家庭は全体の60％に減っていた。元来、家庭の料理は家族の健康を守り、家族の愛情を育む手段であった。例え、それが粗末な料理であっても、母親が愛情込めて作る料理は親子の絆を結ぶ「おふくろの味」であった。多くの人にとって幼かった頃の自分を思いださせてくれるのは懐かしい家庭の味なのである。ＮＨＫのテレビ番組「きょうの料理」で活躍していた料理研究家、小林カツ代は、「家庭の料理は毎日作るのだから１００％おいしいものでなくてもよい。それでよいから子供のために作ってあげてください。それが子供の記憶にしっかりと残るのです」と言っていた。

たしかに毎日、食事作りをしていればマンネリになり、面倒で退屈な作業になるのかもしれない。食事作りをしなくなるのは、共働きの女性であれば時間がないからであろうし、高齢者であれば体が不自由になり、食事作りをするのが億劫になるからであろう。現在、65歳以上で独り暮らしをしている高齢者は６２２万人であり、全世帯の12％を占めている。昭和の終わりごろに比べれば、５倍に増えているのである。そこで、加工食品、調理済みの食品を利用したり、外食店を利用したりするのが手軽でよいのであるが、その代り、農薬が残留している野菜が使われていないか、遺伝子組換え大豆が使われていないか、などと心配をしなくてはならない。家庭で調理するのでなければ、地元の野菜や魚を使う地産地消も実行できないし、有機栽培野菜を使い、食品添加物を使わないで食事を作ることも難しい。何よりも家族の体調に合わせた栄養コントロールが難しくなるのである。家庭で料理をすることが減るにつれて、肥満とそれに誘発される生活習慣病が増えてきたのは決して偶然ではない。

家庭料理には、家族においしい料理を食べさせてやろう、珍しい料理で驚かせてやろうという料理をする喜びがある。心を籠めて作られた料理には、急いで食べてしまえないような何かがあるから、時間をかけて味わうことになり、食卓での会話も弾む。家庭ではおいしく作ることよりも、おいしく食べることのほうが何倍も大切である。一つの鍋の料理を分かち合って食べれば、私たちは一つの家族であると実感することができる。おふくろの味と言えば肉じゃがを挙げる人が多いが、その味は家庭によってまちまちである。つまり、それぞれの人がそれぞれのおふくろの味を持っていて、自己のアイデンティティを確認しているのである。家庭の料理にそのような力があると言うのは大げさかもしれないが、それほどの力はないというのも間違っているだろう。

しかし、家庭で料理をするについて問題になるのは、それを誰がするのかということである。家庭で料理をすることが大切だと考えるのであれば、料理をするのは女性の仕事という従来の観念にとらわれず、男性も、そして子供も料理作りに参加しなければならない。親が料理をしなければ、子供は料理を覚える機会がなくなり、次世代の家庭では料理をすることがもっと減るに違いない。地方の郷土料理なども継承されずに失われていくだろう。世界の家庭料理を見て回っている料理研究家、コウケンテツによれば、日本の家庭では料理をする負担が主婦に偏りすぎているという。先に紹介した朝日新聞の家庭での料理作りに対するモニター調査に寄せられた中高年主婦の声には、「料理し始めて20年、今や義務になっている」、「よくまあ何十年もご飯を作ってきたと思う」、「夫のために60年間作ってきたが、おいしいと言われたことも感謝されたこともない」など不満が多い。料理作りは女性任せといった旧態依然とした分担意識は根強いが、個人化した家族では誰もが料理作りに向かわざるを得ない。それで「自分が食べたいものを食べたい時に自分で作る」ということになり、個食やバラバラ食が増えるのである。

いずれにしても、このように家庭の食事作りがこれほどまでに少なくなることはよいことではない。少なくとも日本とアメリカ以外の国々ではあまり見ることのない憂慮すべき状況なのである。そこで、平成12年、文部省、厚労省、農水省は合同で「健康づくりのための食生活指針」を作成し、家庭の食事作りが家族の健康管理のために大切であることを教えている。そして、手作りと外食や加工食品を上手に組み合わせ、地域の農産物を活用して、栄養バランスのよい食事を作ること、家族で食事作りについて話し合うこと、食卓の団欒を大切にすることなどを奨励しているのである。

3　食卓に家族が集まらない家庭は崩壊する

さらに、家庭での食事の摂り方について気になることが起きている。平成4年、親子で暮らす世帯を調査したところ、毎日、家族そろって夕食を摂っている家庭は3割あるにすぎず、家族が揃う日はないか、あっても1日という家庭が2割もあった。家族全員が毎日そろって夕食を摂っている家庭は東京では30％であるが、ニューヨークでは40％、パリでは60％である。東京が最も少ないのはなぜだろう。

厚生労働省が毎年全国で実施している「国民健康・栄養調査」を見ると家族の食事形態の変化がよくわかる。昭和50年の調査では、夕食を家族一緒に食べる家庭が90％以上あったが、昭和62年に調査したところ、夕食を一緒に食べている家族は71％に減り、さらに平成21年になると27％に減っているのである。子供のいる核家族で全員が揃って夕食をすることは、平成の20年間にほぼ半減しているのである。

さらに、家族が一緒に食事をする回数を平成20年に調査したところ、朝食にも、夕食にも家族が揃わない家庭が41％に増えていた。朝食を両親と一緒に食べている子供は昭和57年には39％いたが、平成5年には27％に減っている。両親ともに働いているので朝は忙しく、残業をするので帰りが遅く、子供は部活や塾通いで忙しいというように、家族の生活時間帯が不揃いになっているからであろう。

世界のどの国でも食べるものが乏しい時代には、食事は家族一緒にするものであった。我が国でも敗戦直後の食料難の時代には家族が乏しい食料を分け合って暮らし、家族の中心は「食べること」にあった。親は空腹を我慢しても、子供には腹一杯食べさせようとした。子供心にも親のありがたさ、食べ物の大切さは身にしみて分かるから、一緒に食事をすることが家族の強い連帯感を生みだしていたのである。食べ物が豊かになり、分かち合って食べる必要もなくなった現代では、家族一緒に食べる必要性が薄らいでいるのは確かである。最近の調査によると、「自分たちは家族だなと感じるのは一緒に食事をしているときである」と答える人は4割に減っている。

かつては家に帰らなければ食べるものがなかった。今は外食店やコンビニなどで何時でも好きなものが食べられる。食事は空腹を満たし、栄養さえ摂ればよいものと考え、一人で都合のよいときに手早く済ます個食が増えるのであろう。一人暮らしの人であれば夕食の79%が孤食であっても不思議でないが、夫婦暮らしをしていても10%が、子供がいても16%が個食である。平成29年度版の食育白書によれば、すべての食事を一人で摂る日が週の半分を超えている人が15%もある。このように、家族がバラバラに個食をするという食事形態がこのまま増え続けると、必然的に夫婦や家族の会話と触れ合いが薄れていくことを否めない。か

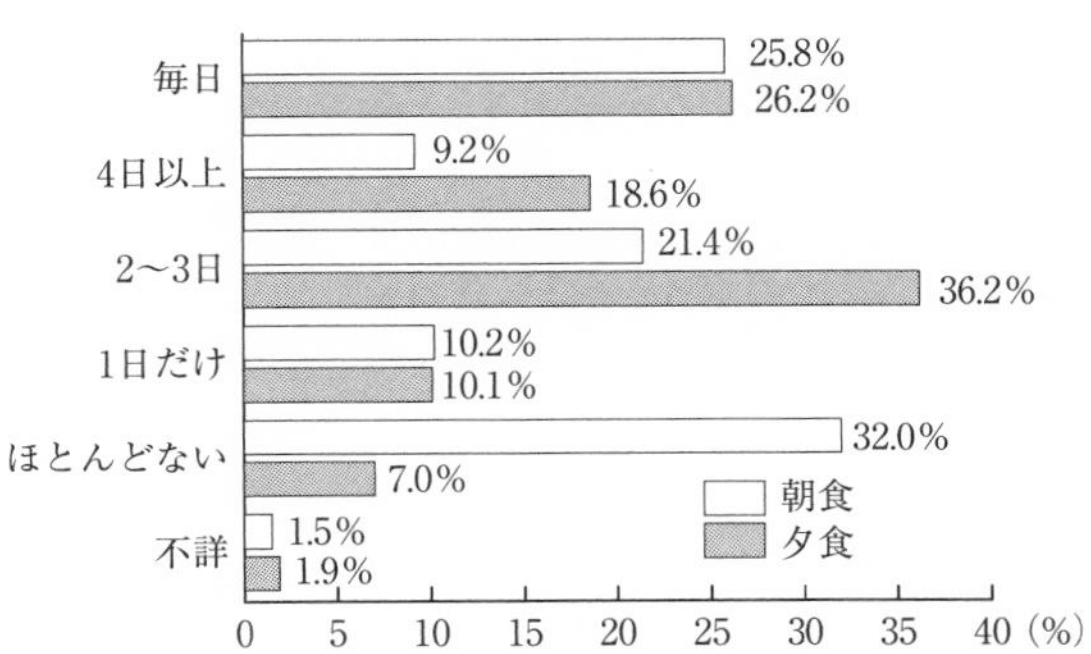

図7-3　家族で一緒に食事をしていますか

厚生労働省　平成21年度　全国家庭児童調査　による

って食卓で行われていた子供に対する食事の躾もできなくなる。この問題は突き詰めていくと、家族とは何か、家族の幸せは何かという大きな問題に発展することなのである。

朝は忙しいからといって朝食を摂らない人が増えていて、20代の男性、女性では4人に1人になっている。30年前に比べると男性はそれほど増えていないが、女性は2倍近くに増えている。20代の若者の半数は朝食を毎日は食べていない。朝はぎりぎりまで寝ていて忙しいというのが理由であり、朝食を食べることの重要さを忘れているのである。朝食を抜くだけではない。昼食を外食で済ます人は20歳代から40歳代の男性なら2人に1人以上、女性でも5人に2人はいる。20歳代から30歳代の男性のサラリーマンでは1割近い人が昼食を食べていない。夕食も若いビジネスマンなら2人に1人、OLでも3人に1人は外食で済ましている。20～39歳の若い世代では1日、3回きちんと食事をしているのは男性で62％、女性で76％しかいない。それどころか1日に1食しか食べない人が男性で6％、女性で2％もいる。また、20歳代の女性は行き過ぎたダイエットをすることが多く、そのためにやせ過ぎになっている人が30年前の2倍にも増えて3割近くになっている。空腹さえ満たせばよいと考えて食事の大切さを忘れているために、若年層には栄養不足が起きているのである。

子供たちだけで食事をする「子食」が問題視されるようになったのは、昭和57年のNHKテレビ「おはよう広場」で、大人のいない食卓で子供だけがご飯を食べている光景が放映されてからである。平成12年、NHK出版から出版された足立己幸編「知っていますか　子どもたちの食卓」によると、子供10人のうち４人が子供だけで朝食を摂っていて、さらに10人に１人は朝も晩も親たちと一緒に食事をしていない。子供だけで食べる「子食」であると、食べ物の好き嫌いがひどくなり、焼き肉、ハンバーガーやピザ、ラーメンばかり食べ、野菜は敬遠する。学校から帰っても一人で過ごすことが多く、スナック菓子、アイスクリーム、清涼飲料などを好きなだけ間食するから肥満になる。小学生の肥満は20年前に較べて２倍の14％になっているのである。

一人で食事をする子供たちが多いのは何故だろう。父親は朝早く出勤し、母親は出勤前に洗濯やお弁当作りに忙しいから、子供は一人で朝食をさせられる。低

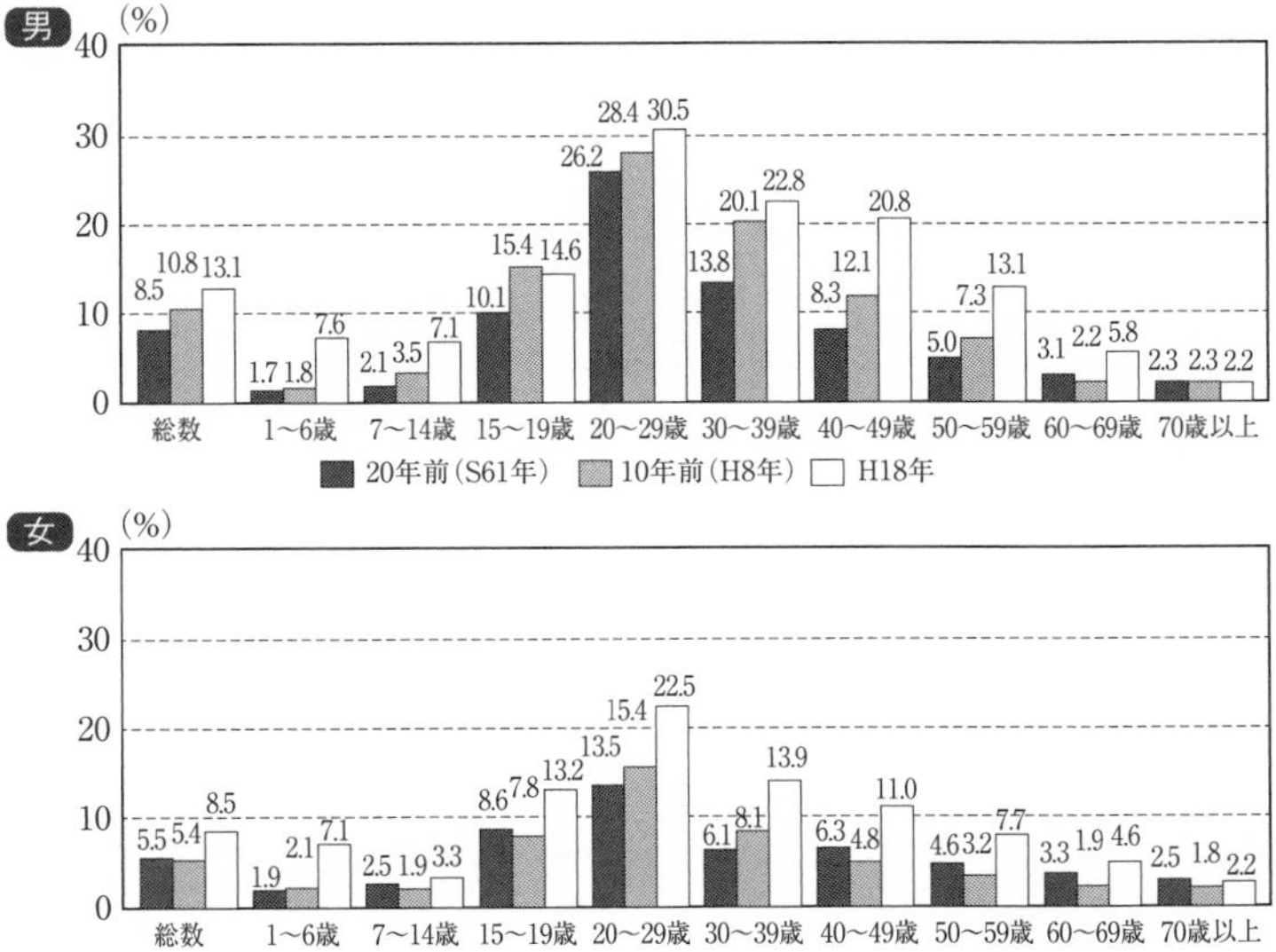

図7-4　朝食を食べない人が増えている

厚生労働省　平成18年国民健康・栄養の現状　による

所得の母子家庭などでは、母親が夜遅くまで仕事をしているため、子供だけで夕食をすることが多くなる。小学生の5%、中学生の8%が、朝は眠い、朝食の準備ができていない、登校前で時間がないなどの理由で朝食を食べていない。夕食を一人で食べる中学生は2人に1人いる。母親が朝食を摂らない家庭だと、乳幼児も3割が朝食を与えられていない。

朝食は栄養素を補給するだけでなく、睡眠中に低下した体温を上昇させ、血糖値を高めて脳を活性化させ、体の生活リズムを昼型に整える効果がある。欠食すると勉強の集中力、仕事の能率などに影響する。一人で食べている児童、生徒は、食事がおいしくない、体がだるい、元気が出ない、心臓がドキドキするなどと訴えることが多い。子供だけで食べるのだから、食べ物の好き嫌いが激しくなり、間食が多くなるなど栄養の偏りも原因するだろうが、なによりも家族と会話しながら楽しく食事することによって得られるくつろぎ、安らぎ、ゆとりなどが少なくなることが影響しているという。

敗戦後の食料不足がようやく解消し始めた昭和30年代には、お茶の間の　ちゃぶ台を親子で囲み、一日の出来事を話し合いながら食事をしたものである。食事を子供と一緒に摂ることで食事の躾をするだけではなく、子供が生きていく社会的能力を育て、家族の心のふれあいを作っていたのである。食卓はその日のニュースや子供の学校での出来事などを語り合う貴重な場だったのである。平成18年、NHKの放送文化研究所が16歳以上の男女を対象に全国で3600人にアンケート調査をしたところ、できれば家族全員で夕食を摂りたいと思っている人は60%あり、家族が揃うかどうかを気にしない人は12％と少なかった。ところが若年層に限って集計してみると、家族全員で夕食を摂りたいと答えた人は38％と少ない。若い世代の食事観は一昔前のそれとは大きく違っているように思える。食事は家庭で家族と一緒に行うものという従来の考え方から離れて、自分本位に「私のペースで」、「私のスタイルで」食事をするという考えが増えていることは明らかである。また、食卓で一緒に食べるにしても自分が好きなものを食べるというバラバラ食が増えている。外食店、便利な加工食品、調理済み食品などが手軽に利用できるようになったことが、このようなことを可能にしたと言える。

家族以外の仲間と一緒に食べる「共食」も少なくなった。戦前の農村には農作業の節目に行う生活行事が多く、田植えや稲刈りが無事に済むと手伝ってくれた近隣の人を集めて日ごろはめったに食べないご馳走で労をねぎらった。また、冠婚葬祭には家族や親類縁者はもとより近隣の人も集まって会食し、喜びや悲しみを共にする習慣があった。そして、このような会食に参加することはその地域の住民になりきるということであった。昔の農村の生活とは違って、現在の都市の生活には隣近所の住民が一緒に食事をする機会がほとんどない。しかし、現在でも、職場の旅行、慰安会、会社のOB会、学校の同窓会、趣味の集まりなどには必ず会食がつきものである。「同じ釜の飯を食う」という言葉があるように、一緒に食事をすることでお互いの心が通い、仲間の結びつきと信頼感が育つのである。

ヒトは料理をして、仲間と一緒に食べる動物であると言われているように、一緒に食事をすることは人間だけが行う文化行為なのである。文化人類学者の研究によれば、人類は食べ物を分け合って一緒に食べることで、家族という特有の社会集団を形成することができたという。同じものを食べてこそ家族になるのである。食物を分配することで家族や仲間の結束を維持し、食物を与えることで愛情や友情を示して、人間関係を調整してきたのである。ファミリー（家族）とは大鍋を囲んで食べる人を意味し、一緒にパンを食べる人をコンパニオン（仲間）というように、食卓を囲んで同じ料理を一緒に食べることは家族や仲間の絆をつなぐ道具になる。一緒にものを食べるということは、人の社会生活、人のコミュニケーションをその基底で媒介してきた極めて文化的かつ社会的な行動なのである。

平成の時代になって家族の個人化が進み、家族や集団を離れて一人で食事をする個食、独りで食べる孤食、子供だけで食べる子食という食事形態がこれほどまでに増えたことは、家族という社会形態にどのような影響を及ぼすであろうか。日本の家族は、団欒を必要としない、あるいはしたくてもできない生活形態になってきていると言ってよい。昭和64年、森田芳光監督が家族の崩壊を描いてヒットした映画「家族ゲーム」に登場する衝撃的な食卓シーンを覚えておられるだろうか。団地に暮らす夫婦と受験生の息子2人、それに松田優作が演じる家庭教師の若者が食卓に横一線に並んで黙って食事をしているのである。さながらレオナルド・ダビンチの名画「最後の晩餐」のようなワンシーンであり、家族の心がバラバラであり、心が通じ合わなくなっていることを暗示していた。ところが、それから30年経った今日では、食卓に家族全員が集まることすら珍しくなりかけているのである。食卓に家族が集まらなくなった家庭は、無機的になり崩壊しかねない。

現代の家庭の食事には、料理をする喜びや食べる楽しさが少なくなっている。スーパーマーケットで買ってきた冷凍食品や惣菜を、これといった手間をかけることなくそのまま食卓に並べるのであれば、家族の好みや健康を考えて「料理を作ってあげる楽しさ」、「作ってもらう喜び」があるはずがない。一緒に食卓を囲んでいても会話がなく、黙々とテレビの画面を眺めながら食事をして、食べ終わればそそくさと食卓を離れてしまうのは、家族という桶の箍《たが》がはずれたアノミーな状態に他ならない。競争の激しい現代社会のなかで不安になりがちな人々にとって、安らぎの場ともなるべき家庭がこのようなバラバラ状態であってよいわけがない。

昔の農村社会とは違って、現在の都市生活には学校、職場、施設、サークルなど、さまざまな共同体がある。人々はそれらの集団で一日を過ごすことが多いのだから、いつも家族と一緒に食事をするわけにもいかないだろう。自分の都合に合わせて一人で食事をする個食化現象がある程度まで進行するのは無理もないことではある。しかし、個食化現象がこのままどんどん進行するならば、家庭はどうなるのであろうか。家族とは別に一人で食事をする個食、独りで食べる孤食、子供だけで食べる子食という食事形態がこれほどまでに増えたことは、西欧諸国ではまだ見られないことであり、人類の食の歴史においてもこれまでなかったことである。このままでは家族という人類に特有の社会単位が崩壊しかねない。少なくとも昭和という社会の成長期に存在したような団結する家族は崩壊して、ポスト現代の個人化した家族に変わるのであろう。

しかし、家族の在りようは変っても家族そのものがなくなるわけではない。所属する社会集団がいくら多くなっても、家族という血縁共同体から離れるわけにはいかない。ところが、夫婦と子供という結婚によって成立した血縁家族は、一緒に暮らし、一緒に食事をするという原始的な人間関係を失えば、社会を構成する基本集団として機能しなくなりかねない。そうならないように、忙しい現代家族の食卓はどうあるべきかを考えてみなければならない。何事もＡＩロボットとＳＮＳが代行してくれるのであろう無機質な近未来社会において、人間らしい主体性をもって生きるためにも、今後の食卓の在り方を真剣に考えてみなければならない時である。

第8章　現代家族とその食事風景

1　「家族と食事」はどのような関係にあるのか

「家族」という言葉から多くの人々がイメージするものは、両親と子供が食卓を囲んで賑やかに食事をしている姿であろう。第二次大戦後の74年間は日本の社会がかつてない規模で変化した時代であったが、それに伴い家族の在り方とその食事風景もかつてなかったほどに大きく変貌した。

戦前には親子二世代あるいは三世代が同居する「家家族」が一般的であり、食事は茶の間のちゃぶ台を囲んで家族一緒にするのが普通であった。しかし、昭和の高度経済成長期には、若夫婦と生まれてきた子供たちだけで暮らす「核家族」が多くなった。彼らの家庭ではダイニングキッチンの食卓で、その日の出来事について会話をしながら食事をするのが普通になった。ところが昭和の集団主義が終わり、平成の個人主義が始まる頃から、家族の一人一人が都合のよいときに食事をする個食、家族が揃っていてもバラバラな料理を食べるバラバラ食、子供だけで食事をする子食などが増えて、食卓に家族がそろって団欒することが少なくなり、このままでは家族の絆が失われてしまうのではないかと危惧されるようになった。

そもそも、家族というものはどういうものなのであろうか。「家族」という言葉が一般化する以前には「家」という言葉が同じ意味で使われていた。「家」とは、火、炉、竈などを意味する「へ」に「い」という接頭語が付いた「いへ」であり、一つ屋根の下で煮炊きしたものを一緒に食べる人々を意味していた。英語でもファミリーとは「大鍋を囲んで一緒に食べる人々」を意味している。霊長類学者の山極寿一氏によれば、家族を形成するのは子供が成長するのに20年近い年月を要する人類だけだそうである。ゴリラやチンパンジーも親が子供と一緒に暮らすが、それはごく短い子育ての期間だけである。太古の昔、人類は火を使って調理することにより食べ物の消化と吸収をよくすることを覚え、焚火の周りに家族や仲間が集まって煮炊きをし、一緒に食事をすることが始まった。動物は獲物を見つけるとその場で奪い合って食べるが、人類は獲物を集落に持ち帰って家族や仲間と分かち合って食べるのである。人類は食べ物を家族や仲間と分かち合って一緒に食べる、つまり共食をする唯一の動物なのである。焚火を囲んで一緒に食事をすることから家族が形成され、男性が獲物を獲り、女性が調理をするという分業が始まったと言われている。

アメリカの社会人類学者ジョージ・マードックは、人類の社会生活の基礎になる性・生殖・経済・

教育の四つの機能を同時に果たし得る最小の社会単位は家族以外にないと強調している。社会学的に定義すれば「家族とは、夫婦、親子、兄弟姉妹などの血縁関係で結ばれた小集団であり、社会を構成する基本ユニット」ということになるのであるが、この家族という社会単位はその発生の最初から食事をどのようにして摂るかということと密接に関連していたのである。

2　昭和の家族とその食事作りは大きく変わった

日本では第二次大戦での敗戦の後、昭和20年代の終わりから重化学工業に牽引された経済成長が急速に進んだ。戦前には人口の80％が農村地域で暮らしていたが、戦後のベビーブーム期に生まれた「団塊の世代」の子供たちは、学校を卒業すると親元を離れて東京や大阪などの大都市部に出て雇用労働者として就職するのが普通のことになった。そして配偶者を見つけて結婚すると、アパートや集合住宅に新居を構え、夫婦と生まれてくる子供たちとだけで暮らす「核家族」を形成した。つまり、それまでの「子供は結婚しても親と一緒に住む」という直系家族の規範から解放された近代核家族が誕生したのである。昭和35年にはサラリーマンが全労働人口の5割を超え、核家族が全世帯の約7割に増えた。

戦前までの日本では、家族は直系家族であり、家長である男親の家業と資産を長男が継承して、二世代あるいは三世代の家族が一緒に暮らすという形で「家」を存続させる家父長制度が守られていた。戦後、この家父長制度は廃止され、子供は父親の家業や資産に頼ることなく、雇用労働者として収入を得て自立し、親元から独立して世帯を構えるようになったのである。しかし、戦後に制定された憲法では「婚姻は両性の合意のみに基づいて成立し、夫婦が同等の権利を有することを基本として、相互の協力により維持されなければならない」と定められているにもかかわらず、昭和40年代まではそれまで通り男性〈夫〉が外で働き、女性〈妻〉が家事全般を受け持つという夫婦分業を守っている家庭が一般的であった。

家庭での食事作りが大きく変わり始めたのは高度経済成長が進行していた昭和30年代から40年代のことである。若夫婦が親と別居して核家族で暮らすようになり、そこに生まれた娘も家事を手伝うことなく職業に就くようになったので、これまで姑から嫁へ、母親から娘に伝承されてきた炊事と料理のスタイルが一変したのである。

食事を準備する場所にも変化が起きた。土間に竈と七輪、井戸がある暗い台所は昭和30年代にガス、水道、ステンレスの流し台のある明るいキッチンに変わり、炊事用具が電化された。台所の電化と共に家庭での食事作りを便利にしたのは、食品会社が次々と開発した便利な加工食品である。主婦が毎日、市場に生鮮食材を買いに行き、台所に長時間立って調理し、家族そろって食べるという戦前の食事形態から、週末にスーパーでまとめ買いをして冷蔵庫や冷凍庫に保存しておいた生鮮食材、あるいは冷凍食品やレトルト食品を使って食事作りをするようになった。カップヌードルやインスタントみそ汁などの即席食品、持ち帰り弁当や総菜などの調理済み食品、さらにだしの素、マヨネーズ、壜詰めのドレッシング、ポン酢、麺つゆなどの合わせ調味料を利用することにより、食事作りは著しく簡略化されたのである。

そして、カレー、チャーハン、焼きそば、スパゲッティ、目玉焼き、の頭文字をとって「カーチャンヤスメ」と揶揄された若い母親の貧弱な料理レパートリーを補ったものが、テレビの料理番組や新聞、主婦雑誌の料理記事であった。主婦の料理に対する関心は高まり、「おいしく手軽な料理作り」、「家族の健康を考えた食事作り」、「料理の楽しさと栄養のバランス」を教える料理学校が各地に開かれた。料理研究家やプロの料理人が、実際に調理しながら説明するＮＨＫテレビ番組、「きょうの料理」が始まったのはまだ白黒テレビの時代であった昭和32年、今から62年前のことである。その後、現在まで続いている長寿番組となり、戦後の家庭料理の発展に大きな貢献をした。

高度経済成長が終わった昭和61年には職業を持って忙しく働く女性に手軽に作れる料理のレシピをカラー写真で紹介する雑誌「オレンジページ」が創刊され、続いて「クロワッサン」、「レタスクラブ」、「エッセ」などが出版された。最近では、プロのシェフが教えるフランス料理やイタリア料理の教室、老舗料亭の料理長が教える割烹教室なども盛況である。現在、家庭での料理作りにもっとも活用されているのは料理サイト、「クックパット」であろう。クックパットに収録されている数十万の料理レシピのほとんどは家庭の主婦が投稿したものである。それを見ると、現在の家庭料理は和風、洋風、中華風と多岐にわたり、かつ、プロの料理人のそれと比肩できるほどに充実していることが分かる。

3　食卓の団欒はいつごろから始まったのか

家族が食卓を囲んで団欒する風景は、幸せな家族の象徴としてテレビのホームドラマにしばしば登場してくる。例えば、昭和40年代の人気ドラマ「時間ですよ」、「寺内貫太郎一家」などがそれである。昭和21年から49年まで朝日新聞に連載された漫画「サザエさん」に出てくるのは、三世代七人が同居するサザエさん一家が茶の間のちゃぶ台を囲んで食事をする姿である。戦後間もないころは、この漫画と似た情景がサラリーマン家庭の食卓でよくみられたのである。

しかし、当時、大多数の家庭でみられた現実の食事風景は、テレビの中の理想化された食事シーンとは少しギャップがあった。当時の主婦たちの多くは、テレビドラマで見る家族の楽しい食事風景を我が家でも実現しようと努力していたのである。だからこそ、昭和58年に家族の崩壊を描いてヒットした映画「家族ゲーム」が登場したとき、家族が食卓に横一列に座って無言で食事をしているシーンに大きな衝撃を受けたのである。

もともと、食卓での家族団欒は昔から行われていた風習ではなかった。庶民が一日三度の食事をするようになったのは江戸時代からである。当時は竈に火を熾して飯を炊くのは主婦の大仕事であったから、飯が炊きあがるのを待って、台所に一人ずつの銘々膳を並べて家族一緒に食事をするのが決まりであった。一家そろっての食事は厳粛に行うものとされていて、膳の並べ方にも家長を上席として長幼の序列があり、私語をすることは許されなかった。当然、食事をしながら賑やかに団欒することはなかったのである。

国立民族博物館の研究グループが調査したところによると、大正から昭和初期になると銘々膳や箱膳に代わってちゃぶ台を囲んで食事をするのが普通になったが、食事中の会話は小声で静かに行われ

江戸時代

現在

図 8-1　家族の食事風景　今と昔

江原絢子ら著『日本食物史』吉川弘文館　2009 年より転載

橋本直樹著『大人の食育百話』筑波書房　2011 年より転載

ていたという。おいしい料理を数多く並べて賑やかに団欒するのは、正月、盆、節句、祭礼などの特別のときだけに限られていた。

今日のように、子供をまじえて賑やかに会話をしながら食事をすることが始まったのは昭和40年代のことである。このような食卓での団欒が生まれる前提としては、座卓やダイニングテーブルを囲んで食事をするようになり、そして専業主婦が家族のために食事を準備しておくのが普通であったことが挙げられる、また、敗戦によってそれまでの家族の在り方を規制していた「家制度」が廃止されたので、それに代わって家族を束ねる手段として食卓の団欒が利用されるようになったとも言ってよい。さらには、当時の教科書やテレビ、雑誌などのマスメディアによって、良き家庭のシンボルとして「食卓の団欒」が取り上げられたこともある。このような条件が揃うにつれて、昭和50年代にはどの家庭でも食卓を囲んで賑やかに団欒しながら食事をすることが日常のことになったのである。

そもそも、食事時の団欒という習慣を日本に紹介したのは明治時代の婦人雑誌と学校で使用された国定教科書である。明治の中期、欧米の家庭文化を紹介した啓蒙思想家、巌本善治、内村鑑三らは、英米の「ホーム」に相当する訳語が日本にはないことを指摘し、19世紀後半のイギリス・ビクトリア時代の中産階級にならって、夫婦が愛情をもって相思し、家族が和楽団欒する「ホーム」を理想の家庭とするべきであると主張した。「食卓の団欒」について初めて言及したのはこの巌本善治であると考えてよい。彼は、明治20年、「通信女学講義録」に、西洋諸国には食事を楽しむ習慣があるが、日本では食事中の会話を禁止するなど食事の楽しみを重視していないことを嘆く論説を載せている。この記事がきっかけになり、当時の婦人雑誌や総合雑誌に西洋の家族と日本の家族を比較した「食卓の家族団欒論」が展開された。

このような経過を経て、食卓の団欒思想は明治後半から大正にかけての学校教育に取りこまれて、国家の家族政策に利用されることになった。小学校の国定修身教科書には家族団欒を奨励する挿絵が多く載せられ、高等女学校の家事科教科書には「茶の間は家族団欒して食事喫茶等をする場所であるから清潔にして明るく・・・・・家族皆一処に集まりて愉快に飲食談話するようにすれば食物の消化も良く・・・・・家長は終日激務を執り、晩方疲労して帰宅すれば、主婦も小児も待ち受けて、主婦の心を籠めたる料理により、一日中ありしことを共に語り、共に食しなば、如何に愉快ならしむ」とある。

昭和前期に戦時色が濃くなると「国のもとは家にあり」という記述がみられるようになり、昭和8年に発行された小学校の家事教科書には「世に最もうるはしく最も幸福なるものは一家の団欒であります。一日の心身の疲れもこれによっていやされ、明日の活動力もこれによりて養われ、さらには元気を新たにしてお国のために働くことができます」とある。出征した家族のために蔭膳が据えられるようになったのもこの頃からである。

このように食事中の会話が禁止されていて、家族が食卓を囲んで食事をしながら楽しく話す習慣がなかった日本において、明治時代、欧米の近代的家族に倣って食卓での家族団欒が紹介され、やがて小学校、高等女学校の国定教科書に取り入れられて国家教条的習慣になったのであった。しかし、戦前には「食卓の団欒」を実生活に取り入れることができたのは、大都市の俸給生活者など「新中間層」に限られていた。ところが、第二次大戦後、国民の生活が欧米風に変わり、食料事情が豊かになったことに伴って、食卓の団欒がほとんどの家庭で日常のことになったのである。総理府が毎年行っている「国民生活に関する世論調査」によると、昭和50年代になると日頃の生活の中で充実感を感じる時として「家族の団欒」を挙げる人が45％を占めるようになっている。

4　家族が個人化して個食、子食が増える

家族とは別に自分の都合のよいときに一人で食事をする個食、忙しい両親とは別に子供だけで食事をしなければならない子食が問題視されるようになったのは、家庭の食生活がかつてなかったほどに豊かで、便利になった昭和の時代が終わるころからである。そのころから家族の嗜好が多様化し、食卓で一緒に食べるにしても各自が好きなものを食べるというバラバラ食も増えてきた。

厚生労働省が毎年全国で実施している「国民健康・栄養調査」を見ると家族の食事形態の変化がよくわかる。昭和50年の調査では、夕食を家族一緒に食べる家族が90％以上あったが、昭和62年に調査したところ、夕食を一緒に食べている家族は71％に減り、さらに平成21年になると27％に減っている。さらに、朝食にも、夕食にも家族が揃わない家族が41％に増えている。両親ともに働いているので朝

は忙しく、残業をするので帰りが遅く、子供は部活や塾通いで忙しいというように、家族の生活時間帯が不揃いになっているからであろう。また、家族そろって食事をしていても、テレビの画面を見ながら、あるいはスマホを覗きながら好きなものだけを食べ、食べ終わればすぐに個室に引き上げるというのが普通になってきた。

このような調査を見ると、かつて幸福な家庭のシンボルとされていた「食卓の団欒」は必要でなくなったかのように思えるが、人々の意識は必ずしもそうでもない。平成18年、NHKの放送文化研究所が16歳以上の男女3600人を対象にしてアンケート調査したところ、「できれば家族全員で夕食を摂りたい」と思っている人は全体の60%もあり、「私たちは家族なのだと実感できるのは一緒に食事をしている時だ」と答える人が43%もいた。同じころに中高生を持つ母親723名を対象にした調査でも、夕食を家族そろって食べることを大切にしたいと答えた母親は全体の90%を占めていたが、現実には、彼女たちの半数近くの家庭で家族全員が揃う夕食は週に1日か、2日しかなかったのである。平成17年に制定された「食育基本法」において、「食卓を囲む家族の団欒によって食事の楽しさを子供たちに教える」ことを目標の一つに取り上げているのはこのような事情による。

個食や子食が増加する原因は外にもある。それは、主婦が家庭で料理することが少なくなってきたことである。最近、朝日新聞が1700人のモニター調査をしたところ、主婦が日に三度、食事作りをしている家庭は60%しかなかった。食事つくりを家族への愛情であり、また義務でもあると考える女性が少なくなっているのである。そして、仕事で疲れて夕食の準備ができなかったときや休日には、家族が揃って夕食を外食店ですることが珍しくなくなった。持ち帰り弁当屋、コンビニ、スーパーなどで販売されている弁当、総菜、調理パン、おにぎり、鮨などの持ち帰り食品を利用することも多くなり、平成23年度の家計調査によると、家庭の食費の32％が外食や持ち帰りの調理済み食品の購入に充てられている。つまり、日常の食事の3割は家庭で調理をしないで食べているわけで、食事は家で準備して家族一緒に食べるものというこれまでの概念がすっかり変わってしまっているのである。

これらの現象が起きてきた背景には戦後の高度経済成長が終わり、年号が昭和から平成になるころを境として、社会の様相が大きく転換し、家族の形態と家族意識が大きく変化したことがある。まず、女性が一生に産む子供の数が1・5人以下になって少子化傾向が顕著になったので、それまでは夫婦と子供2人が標準的であった家族構成は夫婦と子供1人の3人家族になった。男女ともに生涯未婚率が高くなったこと、そして老齢化社会になったことで、配偶者を持たない、あるいは配偶者を失った単身者世帯が多くなり、「一人で家族」という状態になっている。単身所帯は昭和45年には614万所帯であったが、現在では1680万世帯に増えているのである。

そして、既婚女性の就業率が高まり、共働き家庭が増えたことがある。18歳未満の子供がいる母親の7割が外で働くようになっている。それまで専業主婦として家族のために食事の準備をしていた既婚女性が外で働き始めると、食事の準備が面倒な作業となり、家で食事を用意することができないときは、外食や中食を利用することになるのである。かつては、食事は家でしか摂れなかったが、今ではテイクアウトできる軽食や外食店が手軽に利用できる。家族のメンバーの生活行動が多様になり生活時間帯が不揃いになると、家族の生活より自分の生活を優先させる「家族の個人化」という現象が顕著になるのである。主婦が料理をしたがらなくなり、家族のメンバーがそれぞれ自分の都合のよいときに勝手に食事をする個食が増えるのはその表れである。

5　平成家族とその食事作り風景

平成家族と呼ばれる現代の家族の食卓はどのようなものに変わっているのであろうか。誰でも他人の家庭の食卓を覗く機会はほとんどないから興味があるだろう。

広告会社、アサツーディ・ケイの岩村暢子氏は、１９６０年（昭和35年）以降に生まれて首都圏で子育てをしている家庭の主婦１１１人を対象として、平成10年から14年までの5年間に6回、その家庭の一日三食、１週間の食事を写真と面接によって詳細に観察、分析した。昭和35年以降生れの主婦を調査対象に選んだのは、この世代は生まれたときから豊かな食生活を経験して育ち、家庭の食生活が大きく転換し始める昭和60年ごろに結婚して子育てを始めた世代であり、その家族意識や食事意識が彼女たちの親の世代とは大きく変わっていると考えられるからである。調査が行われた平成10年代前半、彼女たちは30歳代の主婦であり、家族とその食卓の中心にいたのである。

調査の概要は平成15年に刊行された『変わる家族、変わる食卓』勁草書房刊に詳しく報告されているが、そこに紹介された菓子パンと調理済み総菜がパックされたままで雑然と並んでいる食卓の写真と彼女たちの食事作りに関する言動は、その親の世代の人々にはショッキングなものであった。その内容の一部を著作の目次に従って紹介してみると、

食事に関心はないから、食費を節約して遊ぶことなどに使いたい。

食事作りは余った時間に、無理をしない範囲でする。

私の気分次第で食事作りをしたり、しなかったりする。

難しい料理はできないので好きなように作る。手のかかる料理や時間のかかる料理はしない。準備が簡単で、料理をする手間もいらず、後片づけも楽なバーベキューをする。

食事の準備をしたくないので、実家に食べに行く。

ママ友ランチは準備がいらないので、ストレス解消になる。

お菓子作りならば私も楽しめるからする。

結婚するまで料理をしたことがなかったから、料理ができなくても当然。

家族の好みや健康を考えて料理をするのは面倒だ。

おいしいと言ってくれなければ作る気にならない。

子供ができてからは料理をしなくなった。子供が食べてくれないと困るから、好きなものだけを食べさせる。子供はうるさいから別に食べさせる、子供は待てないから先に食べさせる。子供が嫌がるから食の躾はしない。

子供の弁当は中味より見た目のよいキャラ弁にする。

子供には食事作りの手伝いをさせたくない。子供にはそれより大切なことをやらせたい。

家族が好きなものを選べるように、料理は大皿に盛り合わせにしている。

自分が好きなものを食べられれば、家族が何を食べていても気にならない。

夫や子供は生活時間帯が違うから、勝手に食事をさせている。

家族で一緒に食事を楽しむのは外食店ですればよい。


このような現代主婦の食事作りには、これまでのように食事作りを主婦の義務や家族への愛情の発現であると考えたり、食卓の団欒を通じて子供の躾をしたり、家族の絆を深めようとする意識は見当たらない。それ以前に、家庭の食事に対するリスペクトというものが全くないのである。それに代わって、そこにあるのは、主婦が自分の都合を優先するマイルールの食事作りであり、家族がマイペースで勝手に食べるバラバラ個食であり、親の都合で子供だけで食事をさせられる子食である。そして、このような主婦の食事作りにだれも文句を言わず、だれも気にするものがいないという個人化した「ホテル家族」の姿である。昭和50年ごろまでの高度経済成長期には「夫は仕事に力を注ぎ、妻は食事を準備して家庭を守る」という家庭像は合理的であったが、それは女性の自由と平等を封印するものでもあったから、女性も仕事を持って働く個人主義の時代には通用しなくなったのである。

しかし、それを一世代前の教条的な家族規範や食事規範から逸脱していると非難してみても意味がない。この調査で明らかになった食事風景は、今では誰もの身の回りに普通にみられるものとなっているからである。家族の在り方が変わり、かつての「家族の食事のあるべき姿」はその根拠を失って形骸化し、誰にも歓迎されなくなっているのである。そして、家族の楽しみは食事を共にすることよりも、スポーツ、旅行などを一緒にすることに変っているのである。

今後、現代家族とその食事の在り方は、更なる大きな転換期を迎えようとしている。もちろん、血縁関係で結ばれた家族という形態は社会の基本ユニットであり続けるが、その内部構造はますます個人化してアノミーな状態になる。だからこそ、お互いが顔を見て会話ができる食卓団欒の場を大切にしなければならない。家族という集団はその構成員である個、個人に還元、解体しても、メンバーの心を繋ぐなにものかが基底に残るものである。平成25年の「日本の国民性調査」を見ると、「あなたにとって一番大切と思うものは何ですか」という問いに対して「家族」を挙げた人が最も多く44%を占めているのは偶然ではない。また、NHK放送文化研究所が昭和58年から平成25年までの30年間、5年ごとに調査してきた「現代日本人の意識構造」を見ても、「家族と話をすることを大切にする」

と答える人は調査期間を通じて最も多いのである。何ごともAIロボットとSNSが代行してくれるであろう無機質な未来社会において、家族という人間らしいつながりはより大切にしなくてはならないものになるに違いない。

もちろん、数十年前のように食卓に家族の全員が集まることは、長時間労働を是正して家庭生活が楽しめるワーク・ライフ・バランスを実現し、家族が共に過ごせる時間を再構築しないと無理であろうが、食事時のコミュニケーションは現状でも心がけ次第によって濃くすることができるのである。未来の食卓では家族の全員が集まることよりも会話をすることがより重要になる。近年増加する老齢単身者を孤独から救うために、ディスプレイを介して思い出の家族や友人とヴァーチャルな疑似共食をさせることも試みられているというが、それではたして心の安らぎが得られるものであろうか。また、今後進行する共働き社会、少子高齢化社会において、幼児や児童の保育、老親の介護などは個人化した核家族にとって大きな負担になる。そこで、子供には保育所など共同保育施設、老人にはグループホームやケアハウスなど日常生活を共にする家族類似の助け合い集団が増えるのであるが、そこでも食事をどのようにするかは重要な課題になるに違いない。平成29年、カンヌの映画祭で最高賞を受賞した是枝裕和監督の映画作品「万引き家族」は家族とは何かを考えさせた。お互いに血縁関係のない老婆と中年カップル、親に放置されていた子供二人が一つ屋根の下で寄り添って暮らし、万引きしてきたスナック菓子やカップラーメンを一緒に食べているのである。家族社会の在り方と食事の係わり方は今後ますます多様になり、その将来像は容易に見通せない。

第9章　地球規模の食料不足が起きる

1　地球が養える人口はどれくらいか

人類が農業を始める前の人口はせいぜい６００万人であったとみられている。地球上にある天然の動植物資源だけで養える人間の数はその程度にすぎない。約1万年前、人類が農耕、牧畜を始めたことにより食料が安定して得られるようになると人口は急速に増加し始めた。西暦紀元前後には世界の人口は約2億人に達していたらしいが、その後も10世紀頃までは食料生産力が十分でなく、人口が増えると飢餓が生じ、疫病、戦乱が起きて人口が減少するということを繰り返してきた。現在では、地球人口は76億人であり、農業を始める前にくらべて約１２００倍に増加しているが、それは20世紀になって農業技術が飛躍的に進歩して食料不足が解消したからである。

ヨーロッパ諸国で人口が本格的に増加し始めたのは15世紀の大航海時代からであり、新大陸から持ち帰った馬鈴薯がヨーロッパの食料生産力を飛躍的に増大させたからであった。しかし、人口が5億人を超えると再び食料が足らなくなり、17世紀には各地で深刻な飢餓が起きた。イギリスの経済学者、トーマス・マルサスが「人口論」を著して、食料不足によって人類は遠からず破滅すると予想をしたのは18世紀の末のことであった。ところが、19世紀になるとグアノ（鳥糞石）や硝石を肥料に使って食料を増産し、20世紀になると化学合成した窒素肥料を使い、化石燃料を使って農耕を機械化して食料の大増産を行ったので、欧米先進国においては食料不足がほとんど解消したのである。

しかし、メキシコやブラジル、中国やインド、東南アジア諸国、アフリカなど後進国では依然としてひどい食料不足が続いていた。それを解決しようとしたのが「緑の革命」と呼ばれる新品種作物による食料の大増産であった。メンデル遺伝学に基づいた交配技術を活用して収穫量の多い穀物の新品種を開発する計画が、20世紀初期のアメリカにおけるトウモロコシと小麦の新品種開発から始まった。アメリカの遺伝学者、エドワード・イーストとロリンズ・エマーソンらは、１９３０年代に雑種強勢を利用してハイブリッド・コーンを開発した。この新品種トウモロコシは収穫量が従来の品種より3倍も多かったので、１９５０年代には全米のトウモロコシ畑の9割で栽培されるようになった。メキシコではトウモロコシ収穫量が3倍に増え、先進国であるドイツ、フランスでも2倍あるいは3倍に増加したのである。

アメリカの遺伝学者、ノーマン・ボーローグらはロックフェラー財団の援助を受けて、１９４０年代から小麦とトウモロコシの新品種開発に取り組んでいた。彼らは短幹種の日本小麦「農林10号」の遺伝子を交配して膝丈ほどの半矮性小麦を開発した。この新品種小麦は穀粒を多く稔らせても倒伏することがなかった。十分に窒素肥料を施肥して栽培すれば、これまでヘクタールあたり最高4・5トンであった小麦の収量を9トンにまで増加させることができたのである。この半矮性小麦「ゲインズ」はメキシコからマレーシアに到る広い地域で栽培された。それまで小麦を輸入していたメキシコではこの小麦によって収穫量が3倍に増えて自給ができるようになり、パキスタン、インド、トルコでも小麦の生産量が過去最高を記録した。インドでは人口の増加に小麦と米の生産が追い付かず大量の穀物を輸入していたが、1980年には輸出国に転じることができたのである。ノーマン・ボーローグは小麦と稲の新品種を開発して世界の穀物増産に貢献した功績によって1970年度のノーベル平和賞を受賞している。

ついでながら、主要穀物の一つである大豆は中国原産であり、16世紀にヨーロッパやアメリカに持ち込まれて家畜の飼料に利用されていた。ところが、1920年代にアメリカの育種家たちがアジアの大豆品種の中から背が低くて倒伏しないもの、収穫量の多いもの、搾油量が多いものを選抜して新品種を育種することに成功した。その結果、大豆は食用にするよりも大豆油を絞る原料に多く使われるようになり、アメリカが世界一の大豆生産国になった。

1960年代には、フィリピンのロスパニョオスに設置された国際稲研究所において、インド、アメリカの育種家たちが年に2回収穫でき、頑丈で窒素耐性をもつ稲の新品種を開発することに成功した。この「インディア・ライス8」は、インドネシアの長幹種の稲と台湾の短幹種の稲を交配してつくりだされた短幹多収量品種であり、伝統的な品種に比べて最大6倍の収量があり「奇跡の米」と呼ばれた。1970年代には、中国の育種家、袁隆平が野生の雄性不稔品種を使って高収量のハイブリッド・ライスを育種したので、それから20年も経たないうちに中国で栽培される稲の半分以上はこのハイブリッド・ライスになり、2007年には国内需要を上回る1億9000万トンもの米が生産できるようになった。ハイブリッド・ライスはインドネシア、ベトナム、インドをはじめとしてアジア諸国に広く普及して、これらの国々を米の輸出国に変えたのである。

このような経過を経て、高収量の新品種と灌漑設備、化学肥料、化学農薬、農業機械を導入することにより、メキシコ、インド、トルコ、フィリピンなどでは穀物の生産量が飛躍的に向上した。これが「緑の革命」である。20世紀の後半には世界の人口が60億人にまで倍増したにもかかわらず、トウモロコシや小麦、米などの主要穀物の生産量が2〜3倍に増加したお蔭で、飢餓に悩む人たちを10億人以上に増やさずに済んだのである。20世紀の緑の革命は、人類にとって18世紀半ばから19世紀にかけての産業革命にも匹敵する農業革命であった。

食料の需給を決定する要素は人口と食料生産量であり、生産量は栽培面積と単収によって決まる。20世紀後半の穀物生産量、単収、栽培面積を年次変化で（**図9−1**）みてみると、人口が1・9倍に増加したのに対して、穀物の生産量はこれを上回る2・4倍に増加している。従って、一人あたりの穀物生産量は２８４キログラムから３５９キログラムへと１・３倍に増えている。人口が2倍に増えたのに一人あたりの穀物は減っていないのである。この間、穀物の栽培面積は１・１倍とほぼ横這いであったから、生産量の増加は大部分が単位面積あたりの収穫量、つまり反収の増加によることがわかる。単収を２・２倍に増加させた要因は、高収量品種の導入、化学肥料の使用、農薬の使用、灌漑面積の増大などである。高収量品種の開発と大量の化学肥料の施肥によって、小麦とトウモロコシの生産量は20世紀初めに比べて3倍、米の生産量は2倍に増え、更に、大量に生産できるようになったトウモロコシを飼料にして食肉の生産量も3倍に増えたのである。

このようにして世界中で生産される食料は60億トンに増えたから、人口が20世紀初頭には16億人、世紀半ばには25億人、世紀末には60億人に増えたにも

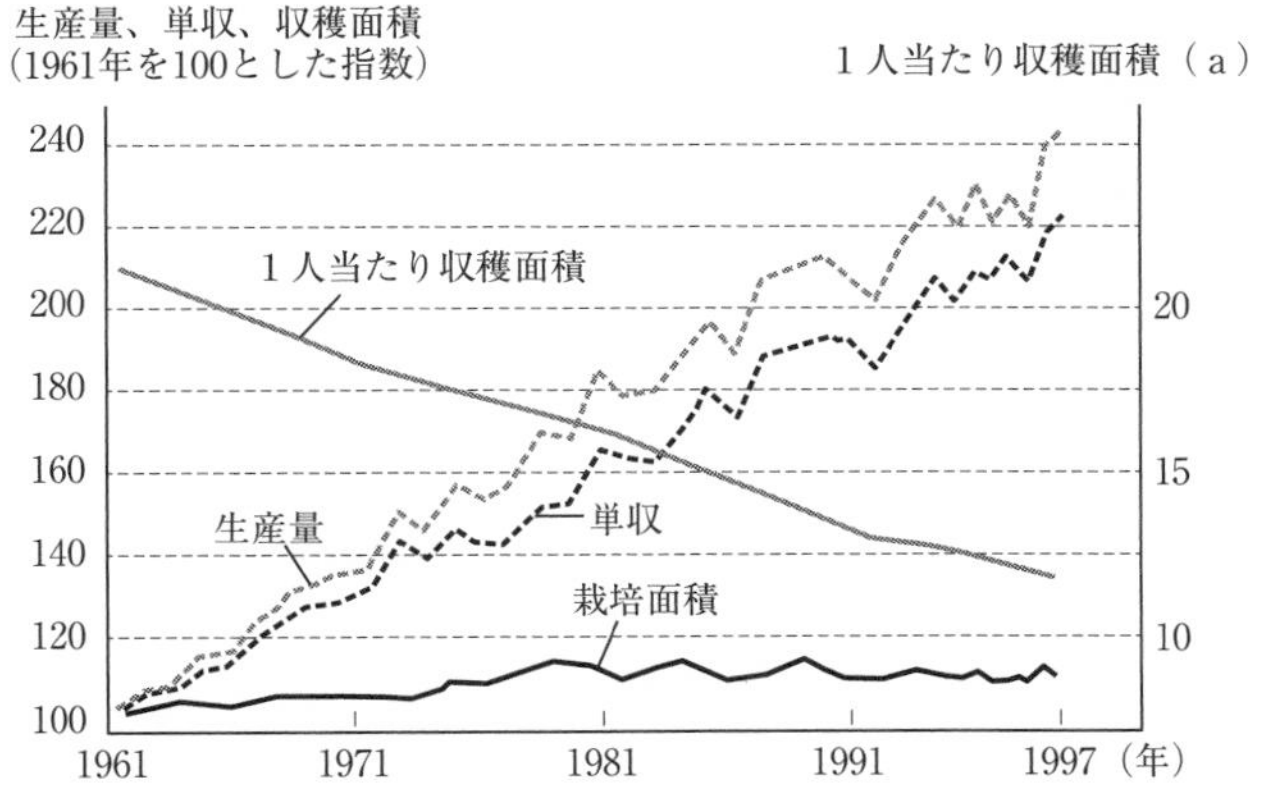

図9-1　世界の穀物生産量の推移

三輪昌男監修　「世界と日本の食料」、農業、農村に関するファクトブック　2002年　より転載

かかわらず、多くの人々が食料不足から解放されたのである。第二次大戦後の経済成長によって人々の所得が増えたことと相まって、大多数の人が食べることに不自由をしなくなったのは、欧米の先進諸国においても、我が国においても20世紀の半ば以降のことなのである。

ところが、困ったことに最近になって食料生産量の伸びが次第に低下し始め、一方で人口の急激な増加が止まらないので、1人あたりの穀物収穫量が年々急速に減少するようになった。最近の穀物生産量は年率にして1・3％しか増えていない。これは30年前の増加率の半分に過ぎず、需要の伸びをはるかに下回っている。年率2％で増え続ける世界の人口を養うには年率3％の食料増産が必要であり、それができなくなると再び食料不足が生じてくる。

21世紀の初頭においては、地球上の全陸地面積の9％に当たる14億ヘクタールの耕作地と、23％に相当する34億ヘクタールの牧草地、樹園地を使って、世界就業人口の約半分に相当する人数が農業を営んでいた。現在では、生産される年間25億トンの穀物、4億トンの馬鈴薯、1億トンの甘藷、3億トンの大豆、2億トンのトマトなど、並びに、15億頭の牛、10億頭の豚、12億頭の羊、10億頭のやぎ、227億羽の鶏など合計約60億トンの食料が76億人の人々の食料となっている。しかし、これらの食料も、誰もが1日平均2500キロカロリーを摂取する豊かな食事をすると、約50億人しか養うことができない。1日、2500キロカロリーを摂取できていない途上国の人々が多数いる現状においても、約77億人の人口を養うのが限界であると考えられる。

2　食料の生産に危機的な限界が迫ってきた

欧米先進国やアジア主要国において豊かな食生活が実現してから半世紀も経たぬうちに、予想しなかったことが生じてきた。開発途上国における爆発的な人口増加が止まらなくなったことである。20世紀半ばの世界人口は25億人であったが、世紀末には60億人になり、２０１８年現在で76億人、２０５０年には90億人を超すだろうと予測されているが、そのうちの77億人は途上国で増えた人口なのである。

19世紀の始め、イギリスの経済学者、トーマス・マルサスは著書「人口論」において、長期的に見ると人口の増加が農業生産を常に上回っていることを指摘して、将来の食料不足を予測していた。すでに説明したように現在、地球上で生産できる食料約60億トンでは、80億人の人口を養うのが限度なのである。しかも、この食料を欲しいだけ食べられるのは経済的に豊かな先進国13億人の人々だけであり、貧しい途上国の人々はそうではなく、アフリカ南部の国々では8億人が飢えに苦しんでいる。近年では、食料の無理な大増産によって農業環境がすっかり悪化してしまったので、これ以上に食料を増産することは期待できなくなり、40年後には１００億人を超えると予想される地球人口を養うことはとてもできないと考えられる。

もう一つの予想外の事態は食肉消費量の急速な増加である。世界の食肉の需要はこの半世紀で７０

00万トンから3億トンへ4倍に増えている。経済発展に伴って国民所得が増えると、食生活が豊かになり動物性食料の消費が増加する。肉はおいしい食べ物であるから、どの国でも経済的余裕ができると食肉の需要が増えるのである。ところが、牛肉1キログラムを生産するには11キログラムの飼料穀物が必要であり、同様に豚肉なら7キログラム、鶏肉でも4キログラムの穀物が必要である。

2006年現在、世界規模でみると、生産される穀物22億トンのうち3分の1以上が家畜の飼料に使われている。アメリカ人は一人あたり年間98キログラムの肉を食べ、国全体で4000万トンの食肉を消費している。もしも世界の食肉消費量がアメリカ並みに年間一人あたり98キログラムになったとしたら、22億トンの穀物収穫量で生産できる食肉は26億人分しかない。因みに、日本人の食肉消費量は第二次大戦を境にして13倍にも増加し、年間一人あたり46キログラムである。ほとんどの開発途上国の食肉消費量はまだ一人あたり10キログラム程度であるが、2030年頃には34キログラムには達するであろう。すると、世界の食肉消費量は現在の2億8千万トンから3億8千万トンに増えると考えられる。世界の人口が2070年にピークに達するころには、世界の食肉需要は4億7千万トンになると予想されるが、それだけの食肉を供給できる見込みは全くないのである。1000キロカロリーのエネルギーを摂取するのに、穀物を食べれば300グラムで足りるが、穀物を牛に食べさせて牛肉に変えて1000キロカロリーを摂取しようとすると、3キログラムの穀物が必要である。もし現在、世界中の穀物の半分を食用にして、残りの半分で家畜を飼うとすると、1人が摂取できる食料は1日、1500キロカロリーに減ってしまうのである。

21世紀の半ばには素晴らしい成果を上げていた緑の革命も、アフリカの途上国においては挫折することになった。収穫量の多い新品種穀物は大量の窒素肥料と十分な灌漑を必要とするが、窒素肥料を多量に投与し続けると土壌中の有機質が失われて団粒構造が破壊され、肥料の保持力が失われる。また、乾燥地に大規模な灌漑をするために大量の地下水をくみ上げると地下水源が枯渇し、灌漑農地の排水がよくないと土壌の塩分濃度が増加して作物の育たない荒れ地になってしまう。緑の革命がアジア諸国で比較的に成功したのは、灌漑に利用できる川があり、十分な降雨量があるからである。これに対して、サハラ以南の乾燥したアフリカでは灌漑ができない農地が多く、雨が頼りだがその雨も滅多に降らない。

そもそも、灌漑設備や運搬道路が無く、化学肥料や農薬を買う経済力もない貧しい途上国の農民は、緑の革命の恩恵に与かれないのである。メキシコでは緑の革命によりトウモロコシと小麦の生産量が3倍にも増えたが、その恩恵を受けたのは大規模農家だけであり、零細農家は置き去りにされた。それどころか、大規模農家が大量に生産するために穀物価格が下落して、零細農家は借金が増えて土地を手放さざるを得なくなった。アフリカのサハラ砂漠以南の国々では、無数の貧しい農民が耕作している畑は狭く、道路がなく、灌漑ができる見通しがない。それでも、ケニア政府は多額の国際的融資を受けて小規模農家に種子や肥料、農薬を貸し付け、生産量を増やして輸出することを計画した。この農業計画は一旦は成功したかのように思われたが、すぐに収穫量が伸び悩み1960年代以前の水準にまで落ち込んでしまった。土壌中の有機質が枯渇して、窒素肥料をさらに増やして施肥し続けないと高い収穫量が維持できなくなったのである。折悪しく世界的な穀物価格の急落と石油価格の高騰が起きて、この増産計画は中止しなくてはならなくなった。結果として、アフリカ諸国の農業生産力は今も先進国をはるかに下回っている。緑の革命は資本主義的農業の拡大でもあったから、貧しい途上国はその恩恵に与かれなかったのである。また、最近の20年、経済発展が著しく食料消費が急激に増加している中国は、世界の食料需給に対して大きな脅威になってきた。地球上の耕地の9％で地球人口の21％を養っている中国は、年間8兆円の食料を輸入する世界最大の輸入国になり、世界中の穀物の25％を食べつくそうとしている。

今や、新しい耕地の開拓、灌漑地の拡大、多毛作の促進などはほぼ終わり、小麦、米、トウモロコシなどの穀物の作付面積は最近の20年、少しも増加していない。逆に、家畜の過放牧、塩害、表土流失などで失われる耕地が増えている。20世紀の食の繁栄をもたらした穀物の大量生産システムは農業環境に予想もしなかった打撃を与えたのである。堆肥など有機質肥料に代えて大量の化学肥料を使い続けた耕地は、土壌の団粒構造が破壊されて保水能力を失い、多量に施肥された窒素肥料は硝酸化されて耕地から流出し、地下水を汚染し、河川を富栄養化させて魚介類を住めなくした。自然の生態系や農業に不可欠な耕土は、地球の全表面に広げるとわずか18センチメートルの厚さにしかならない貴重なものなのであるが、それが荒廃し始めてきたのである。よく管理されている耕地であっても、土壌は補給される速度の約17倍の速度で消失すると言われている。中国だけでも表土流失と土壌汚染によって年間の穀物生産量が６００万トンも減少している。また、農業には水を欠かすことができない。1キログラムの穀物を収穫するのには1トンから2トンの水を必要とするのである。ところが、近年、人口の増加と都市化が進んで淡水資源が不足し始め、世界の各地で農業用水が確保しにくくなっていることも深刻な問題である。

多量に散布された農薬は環境中に拡散して、食物連鎖により濃縮されて昆虫、鳥や魚類などの生態系を破壊している。大規模化された農業、畜産業、食品産業から河川に排出される多量の有機質汚濁物は河川の水を酸欠状態にして生物を住めなくする。機械化され、施設化された農業は多量の石油燃料を消費するから、大量の二酸化炭素が放出されて地球温暖化を加速させている。地球の平均気温は産業革命以前に比べて既に1度上昇しており、温室効果ガスの排出を抑制しなければ今世紀末には４・８度上昇するという。２０２０年から始まる国際的な排出削減計画〈パリ協定〉を達成しても、世紀末には産業革命以前より2度上昇すると予想される。地球の気温が2度上がると、これまで比較的に安定した気温と降雨に恵まれていた農業生産に予想していた以上に大きなダメージが生じるのである。

どう考えてみても今後、世界の食料の生産量が伸びる余地はほとんど残されていないから、遠からず世界的な食料危機が訪れてくるに違いない。科学技術を活用して食料を効率よく大量に生産し、それを世界中に流通させることで、20世紀後半における食の繁栄を実現した資本主義食料供給システムが、自然から厳しいしっぺ返しを受けているのである。農林水産省が平成10年に公表した「世界食糧需給モデル」によると、このような生産制約がある場合には、2025年に穀物の消費量は2割増加して25億トンになるのに対して、生産量は25億トンで限界に達するから、需給が逼迫して穀物の国際価格が4倍に高騰するという。

今後の食料対策が国際的課題になってきたのは、1972年に生じた穀物と石油の価格高騰によって、食料とエネルギー資源とには限りがあるという認識が世界的に高まってからである。考えてみると、これまでの食料増産計画にはいくつかの誤りがあったと言ってよい。その一つは、土壌が永遠に肥沃であると思い込んでいたことである。過去100年間にわたって人間は地球上の土壌をかつてないほどに酷使して食料を生産してきたから、土壌は劣化し消耗してしまっている。農地の酷使で年に平均2600万ヘクタール（日本の農耕地の5・2倍）が砂漠化している。これまでは土壌が劣化すれば新たな土地に進出すればよかったが、今後には新たな土地が残っていない。19世紀にはグアノ（鳥糞石）や硝石、20世紀には化学合成窒素肥料を施肥して土壌を再生することができたが、このような方法が今後も見つかる保証はない。

二つ目の誤りは、十分な日照、降雨に恵まれた温暖な気候がいつまでも続くと思っていたことである。確かに20世紀にはそのような気候が続いたが、地球の歴史からみれば一時的のことに過ぎない。近年、人間の活動が引き起こしている温暖化現象は別として、地球の気候が一定不変ということはまずありえない。

三つ目の誤りは特定の作物に特化した農業が効率が良いと思い込んでいたことである。現代の農業はごく限られた種類の農作物を大量に栽培するモノカルチャー農業である。モノカルチャー農業は経済的には効率が良いが、特定の昆虫や病原菌、あるいは少しの気候変動によって壊滅的な被害を受けやすい。生物の多様性が保たれていなければ、自然の回復力は最大限に発揮されない。

四つ目の誤りは、現代文明の全てがそうであるように、化石燃料がいつまでも安価に入手できることを前提にしていたことである。化石燃料の安定供給なしには、膨大な地球人口が必要とする大量の食料を生産し、運搬し、供給することはできない。ところがその化石燃料資源が底をつき始めてきたのである。地球人口が48億人であった１９８５年に日産32億トンであった世界の石油の産出量は、２０１５年の39億トンをピークとして減少するであろうと予想されている。既に原油の国際価格は１９９８年の１バレル11ドルを底値として２０１０年には１バレル、１００ドルになり、９倍に高騰しているのである。

3　日本では食料危機に対する警戒意識が少ない

世界的な食料不足がいつどのような形で起きるかは予測しにくいが、起きたならもっとも大きな打撃を受けるのは、食料が40%しか自給できず大半の食料を輸入に頼っている日本である。それなのに、食料危機に対する警戒意識が薄い。大量の輸入食料に依存している現在の豊かな食生活は続けられなくなると警告しても、それは遠い先のことと軽く聞き流されてしまうのである。しかしながら、平成10年、食料自給率がとうとう40%まで低下して食料の安全保障が危うくなった時と、平成20年に世界の穀物需給が逼迫して国際価格が高騰し、食料品の小売価格が相次いで値上がりした時には、あたかも食料危機が襲来したかのごとき騒ぎが起こった。世論調査でも「将来の食料供給に非常に不安を感じる」と答える人がにわかに増えた。

平成20年（2008年）は世界の農業史上空前の豊作であり、穀物生産量は対前年比で5%も増えて22億4000万トンに達

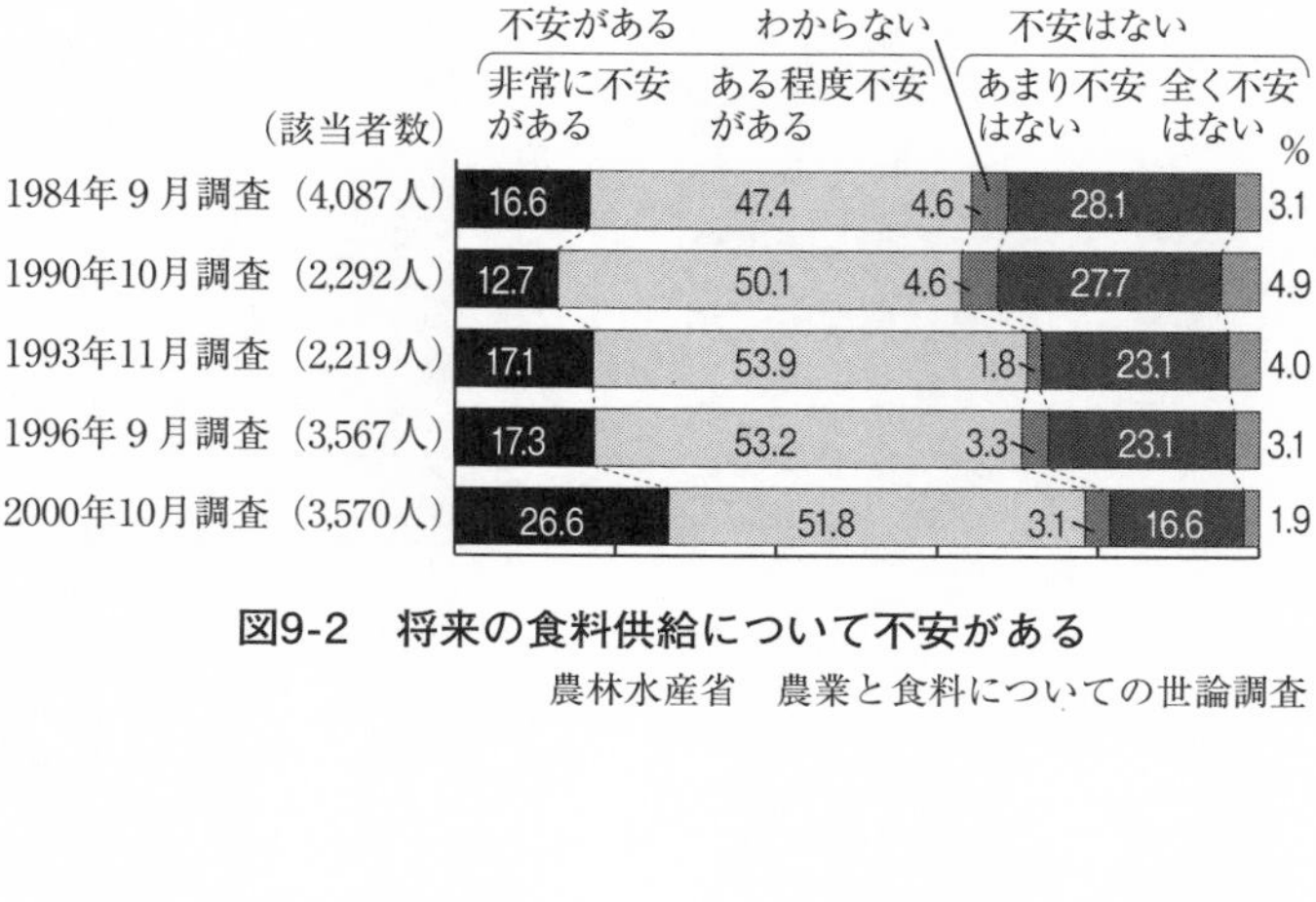

図9-2　将来の食料供給について不安がある

農林水産省　農業と食料についての世論調査

していたのに、世界の穀物需給が異常なまでに逼迫して国際価格が高騰した。まず、小麦の輸出量世界2位のオーストラリアを深刻な旱魃が襲うと、小麦の国際価格が3倍に高騰した。原油価格の高騰により代替燃料にするバイオエタノールの需要が3倍に増えると、アメリカのトウモロコシ輸出量が半減して国際価格が2・5倍に上昇した。中国の大豆輸入量が3700万トンに増えて世界輸入量の半分を超えると、大豆の国際価格が2・5倍になるなど、世界の穀物価格は2004年までの価格に比べて一時的には2倍になり、その後も50%程度上昇したままである。

そもそも世界で生産される穀物は、米、小麦、トウモロコシ、大豆の4品目が約半分を占めている。ところが、これらの穀物は生産国内で大半が消費され、輸出に回るのは生産量の一部なのである。米は生産量の7%が輸出され、小麦は19%、トウモロコシは12%、大豆は35%が輸出される。しかも、トウモロコシと大豆の輸出は4〜5か国でほぼ寡占されている状態であるから、これらの国々で異常気象や輸出制限が起きれば国際相場がたちまち高騰することになる。ところが、こうした世界の穀物需給の変動に対して日本はあまりにも無防備である。トウモロコシの自給率は0%、小麦は13%、大豆は5%であるから、海外相場の高騰は直ちに国内の食料品の値上げにつながる。畜産業界も飼料の75%を輸入穀物に頼っているから、食肉、乳製品の小売価格の値上げが起きるのである。小麦を原料にするパスタは15〜40%、パンは6〜10%の値上げ、トウモロコシや大豆から絞る食用油は20%以上、牛乳は10%、チーズは10〜20%の値上げとなった。砂糖も中国が大量に買い付けるため値段が2倍に高騰し、スーパーの店頭から砂糖の特売が消えた。

魚介類など水産物も資源の枯渇が心配されている。1950年ごろまでは年間2000万トンであった世界の漁獲量は、その後、急増して95年頃には9600万トンになっていた。しかし、魚介類資源の自然増加を上回る乱獲が続いたので資源が枯渇し始め、漁獲高は頭打ちになっている。日本は四方を海に囲まれているので魚をよく食べてきたが、近年は近海での漁獲量が減ったので年間500万トン前後の魚を輸入している。ところが、最近、欧米で魚は脂肪が少なく健康食だと見直されて消費が倍近くに拡大しているので、北米産のマグロやカニ、ノルウェー産のサバ、モロッコ産のタコなどがこれまでのような安値では買えなくなった。

食料を買えなくなるのは戦争などの非常時に限るわけではない。食料の国際相場が暴騰すると、食料輸出国は自国民の食料を優先的に確保するために海外への輸出を厳しく制限するから、高値を払っても買える食料がなくなるのである。我が国はそれまでトウモロコシ、小麦、大豆などを含めて世界市場の農産物の11％を買占めていたが、今では4％しか買えなくなっている。これまでのように、世界中からあらゆる食料を欲しいだけ買い集め、飽食できていた時代はすでに終わりつつある。

4　開発途上国で飢餓がなくならないのはなぜか

現時点で生産できる穀物22億トンを世界総人口76億人に均等に分配すると、1人当たり年間で28

9キログラム、食料エネルギーにして1日、約2600キロカロリーになる。だから世界全体としてはみんなが十分に食べられるだけの穀物生産量があるのである。それにもかかわらず、世界の人口の約80％近くを占める途上国の人々は十分な食料を得ていない。穀物の半分は世界人口の20％が住む豊かな先進国が消費し、残りの半分を人口の80％を占める貧しい開発途上国が分け合っているからである。国連の食糧農業機関（FAO）の調査によると、2015年現在で発展途上国では6億人が低栄養状態に苦しんでいるという。先進国の豊かな消費が、途上国の飢えを作り出しているのである。

低栄養状態とは1日に摂る食料が体重を維持し、軽い活動をするのに足りない、つまり摂取する食物エネルギーが基礎代謝量の1・5倍以下しかない状態のことである。生きるための最少エネルギーである基礎代謝量の1・2～1・4倍以下しか摂取できない状態を飢餓といっているが、2010年現在、東アジアや中南米、北アフリカでは飢餓人口比率が10％、サハラ砂漠以南のアフリカでは32％である。その一方で、先進諸国では1日に3000キロカロリー以上を飽食して、肥満による健康障害が生じているのである。

先進国の飽食と開発途上国の飢餓が併存しているのには、いくつかの複雑な理由がある。最大の原因は、グローバルな市場経済の論理によって食料の流通と配分が行われていることである。食料輸出国、特に北アメリカやオーストラリアには大量の食料が余っているが、発展途上国にはそれを購入する経済力がないのである。だから、世界人口の17％を占める先進国の豊かな12億人が世界の食料の

86%を独占し、途上国の最も貧しい12億人の人々には僅か13%しか配分されていないのである。西ヨーロッパ諸国において食料が不足していた中世には「パンの基準法」という法律があり、日々の食料の価格は都市の自治体が管理していた。パンの大きさと形、パン職人の賃金などが統制されていて、貧しい人々は市場の鐘が鳴ると自家用の穀物を買うことができたが、穀物商人は2番目の鐘が鳴るまで待たねばならなかった。誰もが貧しいものに食べ物を分け与えることを心がける「モラル・エコノミー」が存在していたのである。しかし、19世紀以降は自由経済思想が広がり、食料の分配は市場経済に任せられるようになり、不平等な分

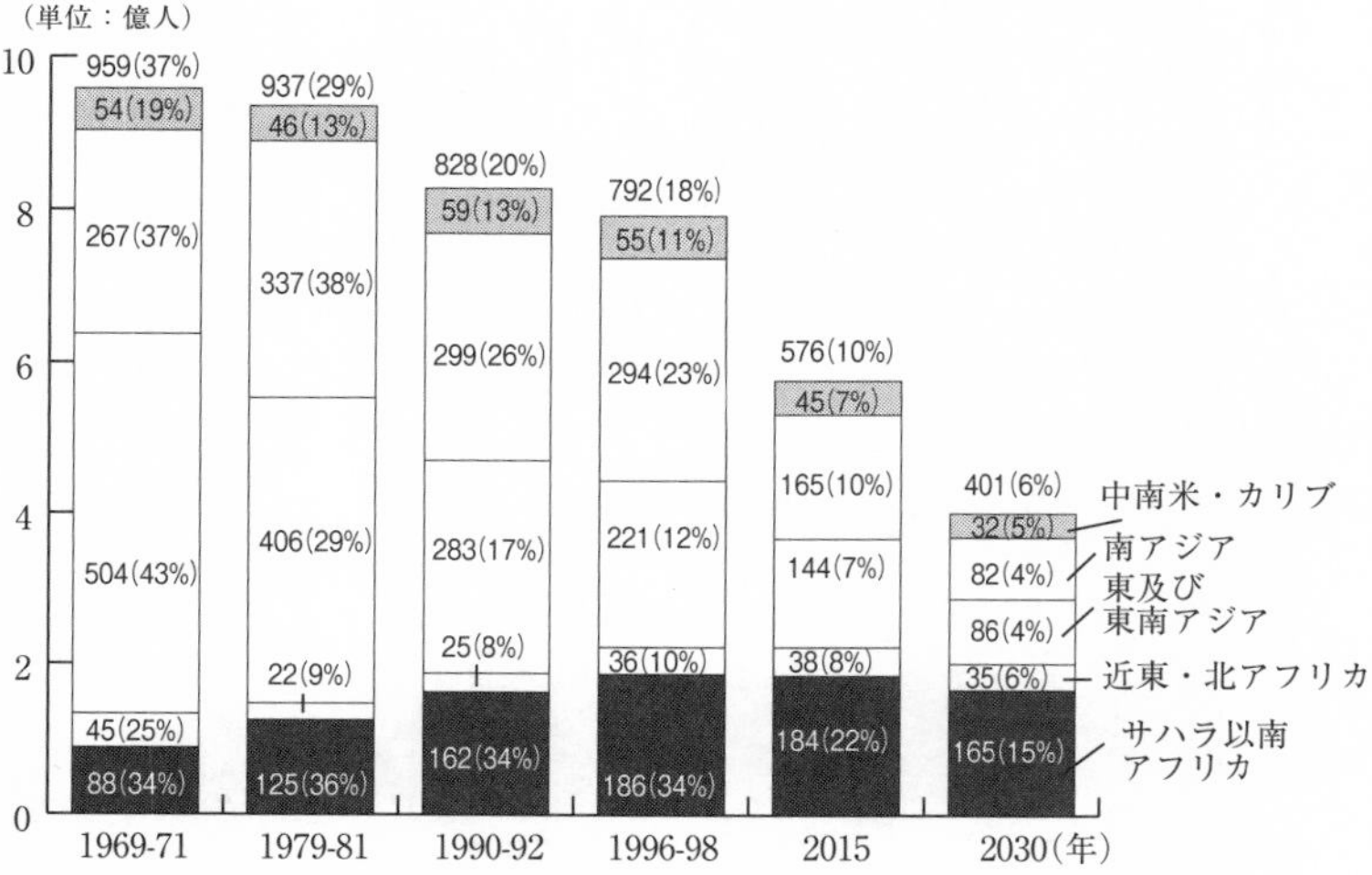

注：（　）内は同地域の人口に占める栄養不足人口の割合
2015年、2030年は目標値

図9-3　開発途上国における栄養不足人口

FAO資料　世界の食料不安の現状（2000年）　より

配が始まったのである。

先進国の人々が1日3000キロカロリーを消費しているのに、アフリカ諸国ではその3分の1程度しか入手できず、6人に1人は低栄養状態にある。1970年代以降、アフリカ大陸への食料供給量は増えているのであるが、その食料の大半は特権階級、あるいは都市居住者が消費して地方では飢餓が続いている。現在でも、全世界で8億2000万人が飢えに苦しんでいて、5歳未満の子供1億5000万人が栄養不足による発育不良になっている。1996年、ローマで開催された国連の世界食料サミットでは、途上国における食料不足や飢餓の改善を目指して、2015年までに低栄養状態で苦しんでいる人々の数を4億人にまで減らすため、先進諸国は国民総生産の0・7％を拠出して支援することになったのであるが、いまだに目標が達成できていない。後進国の飢餓人口は一時的には減少したが、2015年以降は再び増加し始めている。

二つ目の原因は、局地的な人口の急激な増加による自然破壊である。アフリカ、サハラ砂漠以南の諸国では1人当たりの穀物生産量が1960年からの20年間に20％以上も減少しているが、それはこの地域における急激な人口増加が原因である。局地的に膨張した人口を養うため、限られた農地、森林からの無理な収奪、過剰な放牧が想像をはるかに越える速度で進み、耕地を荒廃させ、土壌を侵食し、砂漠化させるなど自然環境を破壊し、それが食料不足や飢餓となって住民にはね返っている。国連が行ったミレニアム環境アセスメントによれば、2050年までに世界の森林面積の70％が食料増産のために伐採されて失われるだろうと予測されている。既に、毎年600万ヘクタール、つまり日本の全耕地を上回る面積が人類の活動により砂漠化しているのである。緑が減ると雨も減り、慢性的に旱魃飢餓に悩まされることになる。旱魃が常習化して農耕地の7割が土壌浸食を起こし、農業生産が急速に低下するからである。

三つ目の原因は、世界経済における複雑な南北関係である。そもそも、今日のグローバルな食料供給システムにおいて起きている不平等な食料分配は、グローバルノース（ヨーロッパ、北アメリカ、アジア、オセアニアの高所得国）と、グローバルサウス（ヨーロッパの旧植民地であったアフリカ、中南アメリカ、アジアの低所得国）との不均衡な経済関係に起因している。1940年まで続いていた旧植民地時代には、ヨーロッパの宗主国は植民地から農産物や天然資源を安価に移入していた。植民地におけるプランテーション農業がヨーロッパ諸国の工業化を進めていたのである。第二次大戦が終わると各植民地は独立を勝ち取ったが、この不平等な経済関係は解消されなかった。例えば、1950年代に始まったアメリカのグローバルサウス諸国に対する食料援助は、余剰食料の新しい輸出市場を開拓するのが目的であった。大量の食料支援を与えられた途上国の多くは、自国で必要な日常の食料を増産することを止め、先進国が要求する茶、コーヒー、カカオ、砂糖、ピーナツ、綿花などの商品作物を栽培して輸出する道を選んだ。世界銀行から融資される開発資金もこれら先進国向きの商品作物の生産を後押しした。かつての植民地経済より脱却しようとしていた開発途上国は、結局もとの商品作物の輸出に依存することになり、国内で食べる小麦や米、食肉などは輸入に頼ることになった。

南北問題以外にも政治的な原因がある。20世紀前半に中国、ベンガル、インド、エチオピア、ロシアなどに発生した深刻な飢饉は、複雑な政治、経済情勢が原因になって引き起こされた。１９４３年に起きたベンガルの飢饉は主に戦時インフレがもたらしたものであり、１９５８年から60年にかけての毛沢東思想に基づく大躍進政策は、中国に20世紀最大の飢餓をもたらした。インドでは緑の革命によって食料の大増産に成功したにもかかわらず、なお2億人もの飢えた人々が残っている。また、アメリカは国内の農産物価格を支えるために、大量の余剰穀物を内戦の続くインドや南ベトナム、イスラエルに援助してきたが、なぜかアフリカ諸国には援助をしなかった。１９７０年代には国連が途上国の飢餓を防ぐために戦略的穀物備蓄計画を推進したが、その多額の費用を巡って関係者の不正や汚職が生じて計画は頓挫してしまった。

２００８年には、オーストラリアの旱魃と人民元の切り上げ、西アフリカのブルキナファソでの暴動、インド政府が実施した米の輸出禁止、バイオ燃料の需要増大による食用トウモロコシの不足、メキシコでの暴動などが続発して、たちまち世界の食料価格は２０００年から２００４年までの価格に比べて一時的には2倍にまで上昇した。米の価格は2倍、小麦とトウモロコシの価格は３・５倍に高騰して、小麦は28年ぶり、米も19年ぶりの高値になったのである。豊かな先進国では収入に占める食費の割合は20％程度であるから、穀物価格が50％上昇しても食費の割合は30％になるに過ぎない。しかし、貧しい途上国では収入の半分が食費に充てられているから、穀物の価格が50％上昇すれば収入の75％が食費に消えてしまう。だから、安い食料を求めてインド、パキスタン、ベトナム、アルゼンチン、ボリビア、ペルーなどで食料騒動が起きたのである。現在、内戦が続いている中東のイエメンでは、３００万人が難民となり、８万人の子供が飢えている。

このように食料不足だけが飢餓の原因ではない。飢餓は食料の不足にかかわる問題ではあるが、それ以上にその不平等な配分の問題である。過去数十年にわたる飢餓撲滅の世界的な取り組みの効果が上がらないのは、この課題が単なる農業問題ではなく、複雑な社会経済問題でもあるからである。食料はすべて地球自然の産物であり、人類の共有資源である。にもかかわらず、その分配をめぐって国際間の利害対立がなくなっていない。なぜ、飢餓がなくならないのか、どうすれば飢餓を減らすことができるのか、この問いは現代の食料問題を巡る議論の中で最も難しく、また意見が対立する問題なのである。より大きな政治的、経済的問題が解決されない限り、食料と飢餓の問題は今後も繰り返されることになる。

第10章　豊かで便利な食生活を持続するために

1　豊かで便利な食生活に何が起きたのか

誰でも、いつでも、どこでも食べたいものが食べられる豊食の時代が実現したのは、欧米先進国においても、我が国においても20世紀半ばのことである。

人類は農耕、牧畜を始めた1万年の昔から常に食料不足に悩まされてきたので、絶えず知恵を働かせて食料を増産することに努めてきた。そしてようやく20世紀になって、科学技術を総動員して食料を大増産することに成功し、多量に生産した食料を世界規模で流通させる市場経済システムを構築して、世紀半ばには地球上の大多数の人々を食料不足から解放した。そして、便利な加工食品を数多く開発して家庭の調理作業を簡便、便利なものに変え、忙しい主婦たちを食事作りの苦労から解放したのである。

日本においても同様であり、第二次大戦後の深刻な食料不足を解消するために、化学肥料と農薬を活用して食料の大増産を行い、それでも足りない食料は海外から輸入して補った。米食に偏っていて栄養バランスの悪い和風の食事を改めて、肉料理、乳製品を多く摂る洋風の食事をすることにより、人々の栄養状態はよくなり、世界トップクラスの長寿国になった。便利な加工食品や即席食品が数多く開発されたので、家庭で料理をする手間は著しく軽減された。毎日の献立が和風、洋風、中華風と日替わりで変わる日本の家庭料理は、世界でも類を見ないほどに豊かで、多彩になっている。それに加えて、便利な調理済みの総菜や弁当などが利用でき、外食店も手軽に利用できるようになった。

誰もが、どこでも、いつでも、食べたいものを、大きな経済的負担をすることなく、手軽に食べることができる「豊かで便利な食生活」が実現したのである。これは我が国の有史以来2千年の歴史を通じて、これまで願ってもかなえられなかった素晴らしいことなのである。しかし、それからわずか半世紀も経たぬうちに、人々はその豊かで便利な食生活に慣れて食べ物の大切さを忘れ、食べることをいい加減にするようになった。そしていつの間にか、必要以上に食べる「飽食」になり、食べることについてこれまで守ってきた規範から外れた「崩食」という混乱状態を引き起こしている。豊かで便利な食生活を追求し過ぎたための代償とでもいうべき現象が起きてきたのである。

表面的には豊かに見える現在の食生活の裏では、このまま見過ごしにはできない心配なことが起きてきているのである。まず、食料が国内で自給できなくなり、海外から大量の農産物を輸入しなくてはならなくなっていることである。そのため、総合食料自給率が40％に低下して、いざという時に国民の食料が保障できなくなっているのである。わが国の農業は耕地が狭くて十分に機械化できず、労賃も高いので、農産物はどれも生産コストが海外諸国に比べて著しく高い。だから、安価な海外農産物が大量に輸入されてくると競争することができない。苦労して栽培した農作物を生産コストに見合った価格で販売することが難しいのだから、農家は生産意欲を失って国内農業はすっかり衰退し、農業生産高は9兆円、販売農家は120万戸、農業人口は145万人に減少してしまった。国内漁業も厳しい状況に直面することになった。近海の漁業資源が乱獲により減少したので漁獲高は35年前の3分の1に減少し、80万人であった漁業人口は18万人に減っている。

今や、自給できる食料は米だけになり、近い将来、世界的な食料不足が起きて海外からの食料輸入が途絶えれば、我が国は再び深刻な食料不足に陥る。そうならないためには、地場の農産物や有機農産物を積極的に購入するなどして国内農業を支援し、少しでも多くの食料を国内で生産しなければならないが、消費者の協力は十分に得られていない。今でも、南アフリカの貧しい国々には8億人が飢えていて、国内でも一部の貧困世帯の子供たちは満足なものを食べさせてもらっていない。それなのに、大多数の日本人は有り余る食料の3割を食べ残し、使い残して大量に捨てている。近い将来に世界的な食料危機が訪れてくれれば、現在のような豊かな食生活は続けることができなくなると心配している人はごく少ない。

最近、この豊かな食生活を持続できなくなる限界がにわかに近づいてきた。20世紀の豊かな食生活を支えてきた世界的規模の食料経済システムが、予想もしなかったところから破綻し始めたのである。その第一は、世界的にみてこれ以上に食料を増産することができなくなってきたことである。無理な食料増産で酷使された農耕地は地力を失って生産力が低下し、大量に使われた化学農薬と化学肥料は環境を汚染して自然の生態系を破壊し始めた。産業社会が放出する大量の二酸化炭素が地球の温暖化を引き起こし、これ以上に気温が上昇すれば農業に深刻なダメージを与えるのである。魚介類など水産資源も乱獲によって急速に枯渇し始めている。人口の増加と都市化が進んで淡水資源が不足し始め、これまでその7割を使ってきた農業用水が世界の各地で確保しにくくなっていることも深刻なダメージである。もはや、現状以上に食料を増産することは世界的に困難になり、2050年に90億人を超すと予想される地球の人口を養うことはできなくなるに違いない。近い将来、世界規模の食料不足が起きることは避けられそうもないが、そうなったら食料を自給できない日本は全員が飢餓状態に近くなるに違いない。

家庭の食生活においても気がかりな現象がつぎつぎと起きてきた。有り余るほどある食べものを好きなだけ食べるから、食べ過ぎによる肥満者が増えて、それが原因となって生活習慣病が蔓延し始めたのである。今や、中高年者は3人に1人が肥満になり、人口の3分の1、4000万人が生活習慣病で苦しんでいる。若者は忙しいからといって朝食を抜き、昼食も夕食も外食に頼っているから、栄養のコントロールが難しくなり栄養不足になるものが多い。食料が豊かになったために、食べ過ぎて肥満が増え、乱れた食生活をするから栄養不足が起きているのである。さらに、これまで家事を担当していた専業主婦が職業について外で働くようになったので、家庭における食事作りを面倒な作業であると考えるようになった。食事作りをしなくても外食や調理済み食品を手軽に利用できるので、家庭で食事作りをすることが少なくなったのである。今、一日に三度の食事作りをしている女性は、20歳代であれば2割しかなく、30歳から60歳代の主婦であっても6割に減っている。当然ながら、我が家の味が失われ、自分の都合がよい時に一人で勝手に食べる個食や家族の一人一人が好きなものを食べるバラバラ食、両親が忙しいので子供だけで食事をする子食が増えて、食卓での団欒が少なくなり、何のために家庭で食事をしなければならないのか、その意味がよくわからなくなってきた。このまま、個食やバラバラ食、子食が増え続ければ、食卓に家族が集まらなくなり家族の絆が弱くなるのではないかと心配されている。

忙しい現代生活であるから、いつも家族と一緒に食事をするというわけにはいかないだろう。自分の都合に合わせて一人で食事をする個食化現象がある程度まで進行するのは無理もないことではある。しかし、個食化現象がこのままどんどん進行するならば、家庭はどうなるのであろうか。家族とは別に一人で食事をする個食、独りで食べる孤食、子供だけで食べる子食という食事形態がこれほどまでに増えたことは、西欧諸国ではまだ見られないことであり、人類の食の歴史においてもこれまでなかったことである。豊食がいつの間にか飽食になり、食の在るべき姿を外れた崩食状態になったのである。

現代の食生活に起きているこのような変化の背景には、世界規模でみれば、近代社会の基幹である市場経済資本主義の拡大と生産技術の進歩があり、それに適応するべく社会行動の全般について合理性の追求があった。しかし、今や世界規模に拡大した市場経済は天然資源の枯渇、自然環境の破壊、南北問題や経済格差の拡大などの限界に直面し、生産技術は情報処理、自動化への革新を迫られている。国内的に見れば、近代核家族の成立とその個人化、女子の就業率の向上とそれに伴う家庭生活の変容、急速な老齢化と少子化、などの社会現象が進行している。現在の食生活に起きている諸問題は、これらの経済情勢、社会構造の変化に少なからず起因していると解釈してよい。私たちが望んだことではないが、社会学的にみれば起きるべくして起きた混乱であり、もはや食の世界だけの対処では解決できない問題になっていると言ってよい。

2　膨張した食料需給システムを維持するために

なぜ、このような事態になったのであろうか。私たちは戦後、豊かで便利な食生活をするために食料や食品を大量に生産し、大量に流通させ、大量に消費する資本主義経済システムを構築してきた。それは20世紀の半ばには期待通りに機能し、期待した以上に豊かで便利な食生活をもたらしたけれども、やがて必要以上の食料供給と無駄な食料消費を引き起こしたのである。

そもそも考えてみれば、人間が命をつなぐ食料をグローバルな資本主義経済システムの対象としたところに問題があったのである。食べるという人間の生理的行為はおのずから限度のあるものであり、限りなく大量生産と大量消費を追求する市場経済システムにそぐわないものである。食料そのものは空腹を満たすのに必要なだけあればよいものである。それを資本主義経済の利潤追求のために、必要以上に供給するから食べ過ぎや無駄遣いが増えるのである。供給過剰は現代資本主義経済の陥りやすい陥穽の一つであると言ってよい。かつて自給自足の時代には食料の無駄な生産というものはなかったのである。今や、消費者が毎日食べなければならない食料、食品は大量生産、大量販売のための絶好の商品となり、農水産業、食品加工産業と流通小売産業、そして外食産業の経済規模が約80兆円に膨張している。そして、この供給過剰に陥っている食の経済システムを支えるために、私たち消費者は必要以上に食の豊かさと便利さを求めさせられ、必要のない消費、無駄遣いを強いられていると言ってよい。

地球規模に巨大化した資本主義食料経済システムは、それを絶えず成長させ、維持するために、常に新しい市場と需要を必要とする。ところが、我が国においても命をつなぎ健康に過ごすのに必要な食料はすでに十二分に充足している。国民が飲食する総需要は平成7年の83兆円をピークとして現在では7兆円も減少し、「食」の実需要はすでに飽和していると考えなければならない。

とすれば、これ以上に「食」の需要を拡大するには、宣伝と情報操作によって消費者の欲望を刺激することにより、必要性の伴わない需要を作り出す以外に方法がない。現在の巨大な食料需給システムは、情報によって作りだされた虚構の需要を消費することで維持されていると言っても過言ではない。かつて生産が需要に追い付かなかった時代には、同じ商品であっても2個あれば2倍の価値を生んだ。しかし、実需要が飽和している情報化消費の時代には、同じような商品なら2個はいらないのである。だから、目新しくはあるが必要性はそれほどにない新商品が次々と開発されては消えていくのである。

つぎつぎに、食べ歩きガイドブックが出版され、テレビには食べもの番組が氾濫している。ラーメンや焼きそば、餃子などのおいしい店をインターネットで探して食べ歩くB級グルメ・マニアも多い。有名パティシエの作るスイーツを食べ歩いてブログで批評するスイーツマニアも現れた。飲食店を紹介するグルナビには、利用客が店の雰囲気とかサービスについてのコメントを数多く書き込む。レストランに入れば、出される料理の写真を撮ってインスタグラムに投稿する。これらの人々は食べ物を情報化して楽しんでいるのであり、料理を味わうことは二の次である。口コミ情報によって虚構の食料消費が生み出されているのである。このように、命を守る食べ物をレジャーの対象にしたり、自己表現の道具にすることは決して感心できることではない。食べるものが常に保障されている現代ならではのことであり、食べものが不足していれば決して行われることのないことである。

このように、現代の情報化された食料需給システムは、人間が生きていくのに必要とする食料需要だけでは足りずに、情報によって創りだされた虚構の需要によって充足されようとしている。つまり、私たちは情報、宣伝によって必要以上に豊かな食料を求めさせられ、必要のない便利さを求めさせられている。その結果、「豊食」を求めすぎて「飽食」に陥り、自分勝手に食べて「崩食」という混乱状態を引き起こしているのである。豊かで便利な食生活が実現した昭和60年ごろを境にして、私たちが食の欲望を野放し状態にしてきた結果でもある。「おいしいものを、好きなだけ食べたい」という食の欲求は、人間としての快楽や幸福感の追求に通じる必然的なものであるから、それ自体は悪いことではない。ただ、それが社会的に許される限度を超えて過剰になり、わがままな欲望と化したことが問題なのである。

しかし、現状はそうであっても、今後もそれをただ傍観していてよいわけがない。改めて、「食料をどのようにして生産し、どのように食べるのがよいのか」ということを根本から考え直してみなければならない。農作物や家畜、魚介類はすべて生命のあるものであって自然の産物なのであるから、私たちが勝手にいくらでも生産できるものではない。それを無理して大量生産しようとしたから、自然の厳しいしっぺ返しを受け、これ以上の食料の生産ができなくなったのである。

忙しい現代生活では便利な加工食品や外食を利用して食事を簡便に済ませることは当然の社会現象であろう。おいしい野菜や果物が国内でたくさん生産できるのに、外国産の珍しい野菜や果物を輸入しているのは、食文化がグローバル化した結果だと受け止めるより他はない。しかし、心配するべきは「近い将来に地球規模の食料不足が起きたら、食料が自給できない日本はどうするのか」、「節度のない飽食を自粛しないと肥満や生活習慣病が蔓延する」、「個食や子食がこれ以上に増えれば家族という絆が失われるのではないか」という深刻な社会問題である。そうならないために、「国内の農業、漁業、畜産業を活性化して国民の食料を少しでも多く確保し」、「行き過ぎたグルメ飽食を自粛して、健康で活動するのに必要であるだけを食べ」、「自分勝手に食べないで家族や友人と仲良く一緒に食べる」という食のあるべき姿に回帰するにはどうすればよいのであろうか

食料が絶えず不足していた中世ヨーロッパでは、カトリック教会が「モラル・エコノミー」を説き、食料不足に付け込んで法外な価格で売りつける商人たちを糾弾した。毎日食べるパンやビールの値段は生産業者と市民が話し合って決める制度があった。平時の食料価格は市場の動向に委ねられていたが、飢饉に見舞われた場合には教会や都市当局は道徳的な観点から市場に介入して貧しい人々に食料を保証する義務があったのである。近代になっても第二次大戦中の日本や戦後の社会主義国家で行われた食料配給制度のように、国家が介入する「ポリティカル・エコノミー」があった。

だからと言って、現在の行き過ぎた大量生産、大量販売を自粛することを、新自由主義の市場経済論理に支配されて動いている世界規模の食料経済システムに期待するのは無理である。それどころか、大きくなり過ぎた食料経済システムを維持するために、私たちは必要のない食の浪費を強いられていることは、すでに述べたとおりである。また、国家の食料対策に多くを期待することもできなくなっ

ている。例えば、我が国の政府は40％にまで低下した食料自給率をせめて45％に回復させたいと、この20年間、さまざま農業活性化政策を実施してきたが効果がなく、食料自給率は依然として40％に低迷したままである。

それよりも、消費者自身が脂肪の摂取過多になっている現在の食生活を見直し、肉料理や油料理を少しセーブして30年前、昭和の終わりごろの栄養バランスのよい食事をすれば、食料自給率は直ちに50％に回復するのである。しかし、健康のために和食を摂ろうという人はいるが、自給率を回復させるために和食中心の食事をしようとする人はいない。と言って、かつての貧しく、不便な食生活で我慢しようとする人もいない。いくら科学技術が進歩しても食料を人工的に作ることはできないし、食べることが不要になるわけではない。これからの社会において、私たちは食料の生産とどのように関わり、食べることにどう向き合っていけばよいのであろうか。

3　食生活の意識改革が求められている

だからこそ、私たち自身がこれまでの食に関する意識を改めて、食べるものを大切に扱い、無駄なく食べることにより、今後も豊かな食生活を持続できるように心掛けることが必要になるのである。今のように無駄の多い食生活を漫然と続けていてはならないと私たち一人一人が反省して、必要以上に豊かさを求めない、過剰な便利さ、サービスを求めない、欲しいだけ食べることをしない、あるいは自分勝手に食べることを慎むことが必要である。ところが、これが容易にできることではないのである。大多数の人々は現在の豊かで便利な食生活に満足していて、それを改めることは望んでいないからである。しかし、真冬のイチゴやトマト、コンビニの24時間営業などは本当に必要なのであろうか、消費者がわがままな要求をするために、農家は多量の灯油を焚かなくてはならず、コンビニは人手不足に悩んでいる。

とにかく、いま食の世界に起きている異常な混乱状態は、食料の生産、供給を持続的に確保する方策、手段を講じることだけでは（難しいことであるが、仮にできたとしても）解決できないところにまで来ているから、私たち自身が放漫な食生活を改めようと決意することによって解決するより外に道がないのである。ところが、人類を数十万年悩ましてきた食料不足が解消してから半世紀も経っていないので、私たちはにわかに豊かで便利になった食生活にどう向き合うのがよいのかという新しい論理やモラルをまだ見つけていない。残念ながら、これが今日の食の混乱を引き起こしている根源的な原因なのである。食料があり余るようになった現代社会では、その余剰を無駄遣いしない食の倫理が必要になるのである。必要のない豊かさを求めない、必要とする以上の便利さを求めない、安くても必要のないものは買わない、体が必要とする以上に食べないという食の節度を守る思想が必要になるのである。食の本来あるべき姿から逸脱しかねない現在の食生活を是正するのに必要なものは、私たちの心の内面にある道徳律、食の倫理なのである。

かつて、食料が不足していた時代には、食べ物を無駄遣いしてはならない、必要以上に貪り食べてはならないという厳しい食の規律があった。しかし、生まれた時から食べるものに不自由をしたことがない現代の若い世代にそのようなことを要求しても無理であろう。食べるものが常に不足していたからこそ、私たちの先祖は、もっと食べたい、もっとおいしいものを食べたいという欲望をさまざまな社会規範を設けて節制して、乏しい食生活に耐えてきたのである。これまでは食べ物が足りないから節約していたのであるが、現在は有り余る食べ物をいかに節約するかということが課題になる。足りないものを節約することは誰でもするが、余っているものを節約することは誰もがすることではないから、この違いは大きい。かつて経験したことがないほどに食べるものが豊かになった今日、私たちは食べることに改めて何を期待し、どのような意義を見いだせばよいのであろうか。食生活があまりにも豊かに、多様になり、そして便利になり過ぎたために、私たちは何のために食べるのか、分らなくなりかけているのである。

日本人の食の意識を調査してみると、豊かな食生活ができるようになった昭和50年以降に生まれた世代の食に対する意識は、その親の世代のそれと全く違うのである。生まれた時から食べ物がいくらでもあった若い世代に、食べものを大切にしなさいと言っても無理なのである。飽食、崩食状態を改めるには、それを改めればこのような喜びや楽しみが得られるという具体的な動機付けが必要なのである。このことは、第二次大戦後に日本人の食生活が大きく変化した原因を考えてみるとよく解る。

敗戦後の数十年というごく短い期間に、日本人はそれまでの米飯と野菜、魚を食べる和風の食事を改め、パン、肉料理、乳製品などを多く摂る洋風の食事をするように変わった。それは当時の日本人の劣悪な栄養状態を改善するために政府が行った栄養指導の成果であったが、それだけではなかった。一度でよいから欧米風の豊かな食事をしてみたいという、腹を空かせた当時の国民の強い願望があったからである。ハンバーガーやコカ・コーラなど「アメリカの味」は人々に大きな喜びを与えた。それまでに経験したことがないような鮮烈な食の驚きと喜びが大きな動機になって、日本人の食生活が急速に洋風化したのであった。ところが現在では、飽食、崩食状態にある食生活を改めなければならないと反省させられる強い動機が、身辺に見当たらないのである。大多数の日本人は豊かで便利な現在の食生活に満足していて、それを改めることは望んでいない。今後、世界的な食料危機が襲ってくれば現在のような豊かな食生活は続けられなくなるとしても、それはまだ遠い将来のことと考えているのである。

4　今後必要になる食の倫理とは何か

私たちがまずなすべきことは、自然の生産力を無視して必要以上の食料を増産し、必要以上に食生活の便利さを追求し、体が生理的に要求する以上に飽食することを自粛することである。命をつなぎ、口腹を楽しませるために必要な食料は既に十二分に充足しているのだから、これ以上の食の豊かさを求めない、必要とする以上の便利さを求めない、安くても必要のないものは買わない、体が必要とする以上に食べないという「節度」を守ることが必要なのである。およそ人間の欲望には限りがないことは古今の歴史の証明するところである。しかし、食べるという欲望に限ってはそうであってはならない。食べものは誰もが命をつなぐために必要とするものであり、足りなければ分け合って食べなければならないものだからである。食生活において節度、中庸を守ることは、古くは２４００年の昔、ギリシャの哲学者、アリストテレスが教えてくれたことであった。我が国でも鎌倉時代の随筆家、吉田兼好は徒然草の第百二十三段において、衣食住の欠けざる（欠けていないこと）を「富めり」とし、それ以上のものを求めることは「奢り」であると戒めている。それなのに、食の欲望を節制することは、近年すっかり忘れられているのである。私たちの食べる欲望をコントロールしている要因には、空腹や栄養など生物的欲求レベルの問題、嗜好や経験、健康など個人レベルの問題、そして文化や経済など社会レベルの問題がある。食料が十分すぎるほど豊かになった現代社会においては、食べるという行為は生物として食べるという営みを超えて、人間としてどのように生きるかという倫理の問題になり、それも個人だけのことにとどまらず、社会全体として考えるべき問題になっている。

さらに、今一つ改めるべきことがある。食料不足が解消して、誰もが食べたいだけ食べられるようになった現在では、私たちは食べることについて、他人を気にすることなく、自由に自己主張をする。今、食べることについて一番重視していることをアンケート調査してみれば、美味追求、健康志向、安全・安心、経済性、便利性などと多様な答えが返ってくるだろう。現代は個人主義の時代であるから、食べることに対しても好きなように自己主張をすることは個人の自由であろうが、それが過剰になって自分さえ満足できればよいというエゴイズムに陥り、社会全体としての食の公益性を損なうことは許されない。

ヒトは仲間と一緒にものを食べる唯一の動物であると言われている。食べることについて自己を抑制して家族や仲間と協調することは、原始以来、人間だけが身につけてきた根源的な社会道徳なのである。それなのに、現在の私たちは食べるということについて必要とされる社会への配慮を失いかけている。私たち現代人は、個人の快楽や欲望を他律的に抑制されることを認めたがらない。19世紀前半においては、哲学者、経済学者であったジェレミ・ベンサムが個人の幸福を最大にすることが多数全般の幸福になるという功利主義を提唱したが、未来社会においてはそうではないだろう。個人の欲望をあるところで制限することが社会全般の幸福を追求することになる。自分の都合だけを考えて食べるのではなく、周りの人々のことに思いを巡らして食べるということが強く求められる時代になったのである。

例えば、私たちが欲しいだけ食べ、惜しげもなく捨てている食料は、すべて地球自然の産物であり、全人類の大切な共有資源であるから、先進国の人も、後進国の人も、豊かな人も、貧しい人も、平等に分け合って食べるべきである。全ての人には健康的に、そして文化的に必要とする食べ物を保証される権利、つまり「食の主権」というものがある。ところが、いまでも南アフリカの貧しい途上国には飢えに苦しんでいる人が8億人もいる。それなのに、世界人口の2％を占めるに過ぎない日本人がごく最近まで世界市場に出荷された農産物の10％を買占めていたが、今後はこのようなことは許されることではない。

更に加えて、私たちは、食卓に出された一皿の料理を前にして、それが生産され、運ばれ、加工されて食卓にたどりつくまでには、生産、加工、流通、調理という「分業」があり、それぞれの分業に携わる多くの人々の「協力」があることを考えようではないか。私たちは食べるものを自給自足しているのではなく、多くの人たちが苦労して生産し、運び、加工してくれたものを食べさせてもらっているのだということを忘れてはいけない。分業は資本主義経済の発展の根幹であることに変わりはないが、今や、利己的な分業の時代は終わりにしなければならない。もともと、食べるものについては、それを生産する側と消費する側との双方の生き方が不可分の関係にあったのである。第2章から第9章に分けて述べた現代社会が抱える食の課題は、食料を生産する人と消費する人、また食事を作る人と食べる人との思いが通じ合わなくなったことにすべて起因していると言ってよい。生産者と消費者が連帯し共助する精神、これが今後必要とされる食のモラルというものではなかろうか。

そして、一緒にものを食べる「食卓での心のふれ合い」が私たちの家庭や社会の絆を繋ぐのにどれほど大切なものであったかを考えてほしい。今後、ＡＩやＳＮＳが何事も代行してくれる無機質な社会においては、お互いの顔を見ながら楽しくものを食べることに新たな意義が生まれるに違いない。ポスト現代の食の第一義は人々の心を癒し、心を繋ぐことになるのではなかろうか。今や、食べるという行為は生物としての営みを超えて、どのように生きるかという人間の存在意義に関わる問題になっているのである。

5　豊かで便利な食生活を持続させるために

とにかく、現在の豊かで便利な食生活とそのために必要な食料を、将来も持続して確保できるようにしておくことは、私たちの世代に与えられた責務である。未来の社会においては、ＡＩ技術、ロボット技術（ＩｏＴ）、情報通信技術（ＩＣＴ）などを活用して食料の生産方法や加工方法はＩＴ化されて大きく進歩するであろうが、いくらそれら科学技術が進歩しても、食料が自然の産物であることには変わりがなく、食べることが不要になるわけではない。今となっては、かつての貧しく、不便な食生活で我慢しようとする人はいないであろう。戦前、戦後の食料不足を解消して豊かで、便利な豊食の時代を実現したのは、私たちより一世代前の人たちの努力の成果であるが、飽食、崩食といわれる混乱状態を引き起こしたのは、私たちの世代の節度のない食の欲望である。だからこそ、私たちはこれ以上に豊かな食料を求めてはならない、必要以上に便利な食品を求めてはならない。食料が有り余っていても無駄にしてはならず、食べたいだけ食べてはならないのである。私たちが食の欲望をコントロールすることを忘れたとき、市場に溢れている豊かな食料は虚しい余剰となるほかはない。今後は、必要以上の生産や過剰な便利さを求めることを止め、無駄に消費することを自制しないと、豊かな食生活を持続することはできないのである。

食の連帯、共助と共食の理念を実践しようとする人々は今後増えるに違いない。身近な事例を挙げるならば：地域の農業を応援するために、値段は高くても地場の農産物を買っている人がいる。手間はかかるが、安全で安心できる有機栽培農産物を提供している農家もある。規格外れや賞味期限間近の食品を恵まれない人々に配る「フードバンク」活動が始まっている。親が夜遅くまで働いているので、お腹を空かせて待っている子供たちのために「子ども食堂」を開いているボランティアがいれば、一人暮らしの老人たちの健康を気遣って「まごころ弁当」を届け、孤立化を防ぐために「ふれ合い食事会」を開いている地域活動家もいる。子供食堂は全国に３７００ヶ所、東京に限れば３小学校区について１ヶ所に増えた。世界的には「フードムーブメント」と呼ばれているこれらの食の在り方を問い直す活動は、まだまだ規模が小さく、現代社会が抱えている数々の食の課題を直ちに解決できるというものではない。しかし、これらの活動を通じて体得することができる食の連帯、共助の精神こそが、未来の食生活の危機を救うのである。

このような食に関する欲望の節制、共助、連帯という道徳的規範が、どこまで次の世代の人々に受け入れられるか、今のところは疑問ではあるが、次世代に食の混乱と不安を引き継がないために私たちの世代が考えるべきことであるのは確かである。私たちの多くは、ごく最近まで多量の輸入食料に依存した豊かな食生活を今後も末永く続けられると思っていたが、そうではなかったのである。世界規模で迫りくる食料危機の直撃を避けるために、私たちは飽食、そして崩食と言われている現在の乱れた食生活を改める意識改革が必要である。これまでの人々はその日、その日の食の充足を願っていたが、私たちは将来の食の安泰を考えなければならない。

来るべきポスト現代社会において、「食べるもの」とどのように向かい合い、「食べるということ」にどのような新しい社会的意義を見いだせばよいのか、簡単には答えが見つからない問題ではある。しかし、それを考えるのは人間だけができることであり、これまでもみんなで集まって話し合い、知恵を出し合うことで数々の食の苦境を乗り越えてきたのである。私たちの限度のない食の欲望が引き起こした混乱状態は、私たち自身の手で解消するという覚悟が必要である。次の世代に食の混乱と不安を残さぬように、私たち全員が参加して考え、行動する「フードデモクラシー」が求められているのである。

あとがき　食に関する意識改革が求められる

私たちの食生活は社会の状況に応じて変化するものであり、また逆に私たちがどのように食べるかという行為は社会全般の在り方に大きな影響を及ぼすのである。私たちが食を変えたのか、それとも食が私たちを変えたのか、その相互関係を立体的に研究するのが「食の社会学」という比較的新しい学問である。本書では、昭和、平成という激動の社会が日本人の食生活にかつてない大きな変化を起こしたことを省みて、それを参考にして来るべき令和の食生活をどうすればよいのか、考えてみたのである。

古くは1万年の昔、大河の流域で人類が農耕を始めて食料を安定して確保できたことにより古代国家が興り、農耕生活を選ぶか、牧畜生活を選ぶかによってその民族の国民性や人々のものの考え方が違ったものになったことはよく知られている。食料が常に不足していた中世においては、乏しい食料を分け合って食べるモラル経済社会が生まれ、近現代においては世界規模に広がった資本主義市場経済システムが先進国の人々に豊かで便利な食生活をもたらした。そうして、統一と調和を失って変わり行く現代社会においては、食生活にも様々な混乱と病態が起きたのである。来るべきポスト現代社会においては、人類がかつて経験したことがない大きな社会変動が起きると予想されている。その時、私たちはどのような食生活をすることになるであろうか。

食べることは誰もが毎日行う行為である。当然ながら、何を調理し、だれと一緒に食べ、どこで食べるのか、私たちの日々の選択の一つひとつが、未来の食を変えることになる。私たちは未来の食の変化に無関心であってはならず、未来の食を守る立場に立たされている。もとより、未来の食がどのようになるのか、正確に予知することは誰もできないが、戦後の日本社会に起きた激しい変化が私たちの食生活を大きく変えたことを省みてみれば、それを参考にして近未来における日本の食生活の在りようを考えてみることはできる。昨日があってこそ今日と明日があるように、近くに過ぎた時代に学ばなければ、来るべき未来のことは考えることができない。

私たちが抱え込んでいる今日の食の課題は、もはや国家の食料対策や専門家の知識、技術だけでは解決できるものではなくなり、食の消費者である私たちの一人ひとりが食べ物をどのように扱い、どのように食べるかということについて意識改革〈マインド・リセット〉をすることによって解決するより外に道がなくなっている。食べるということについて意識や行動をどのように改めればよいのか、著者の考えをいくつか述べてみたが、もとよりそれがすべてではない。読者の皆さんが、今日の食の混乱は自分たちの今後の生き方に関わってくることであると考えてくださることによって、日本の食の未来は明るくなるに違いない。

「過去を深く省察することが、来るべき日の手引きとなり、未来に起きる恐るべき災いを統御することになる」

ウインストン・チャーチル　第二次大戦回顧録　序文より

なお、本書は「食の社会学への案内書」にもなるように執筆したのであるが、紙数が足りず、十分に説明できなかったところが多い。また、本書の多くには著者がすでに公にしている論文や著書に原型があるが、すべて最近の知見を補足して書き改めてある。最後になったがお断りしておく。

末尾になりましたが、前著作「食べることをどう考えるのか」に引き続いて、今回も出版を筑波書房さんに引き受けていただきました。ご支援くださった同社　代表取締役　鶴見治彦氏に心より御礼を申し上げます。

令和改元の秋を迎えて

著者

参考にした資料

食料需給・食生活

浅川芳裕著『日本は世界5位の農業大国』講談社＋α新書　講談社　2010年
足立恭一郎著『農食同源』コモンズ　2003年
足立己幸、NHK「おはよう広場」班著『なぜひとりで食べるの』日本放送出版協会　1983年
朝日新聞「食」取材班編『あした何を食べますか？』朝日新聞社　2003年
飯島裕一編著『健康ブームを問う』岩波新書　岩波書店　2001年
石川伸一著『「食べること」の進化史』光文社新書　光文社　2019年
石川寛子、江原絢子編著『近現代の食文化』アイ・ケイコーポレーション　2002年
石毛直道著『食卓の文化史』岩波現代文庫　岩波書店　2004年
石毛直道著『石毛直道　食の文化を語る』ドメス出版　2009年
石毛直道著『日本の食文化史』岩波書店　2015年
岩村暢子著『変わる家族　変わる食卓』勁草書房　2003年
岩村暢子著『現代家族の誕生』勁草書房　2005年
岩村暢子著『破滅する日本の食卓』新潮社　2007年
岩村暢子著『家族の勝手でしょ！』新潮文庫　新潮社　2012年
江原絢子、石川尚子、東四柳祥子著『日本食物史』吉川弘文館　2009年

江原絢子、石川尚子編著『日本の食文化』アイ・ケイコーポレーション　２００９年
ＮＨＫ放送文化研究所編『崩食と放食』生活人新書　日本放送出版協会　２００６年
岡崎大五著『日本の食欲、世界で第何位？』新潮新書　新潮社　２０１０年
岡田哲編『食の文化を知る事典』東京堂出版　１９９８年
葛西奈津子編著『21世紀に何を食べますか』恒星出版　２０００年
共同通信社編『進化する日本の食』ＰＨＰ新書　ＰＨＰ研究所　２００９年
熊倉功夫、石毛直道編『外来の食の文化』ドメス出版　１９８８年
熊倉功夫編『日本の食の近未来』思文閣出版　２０１３年
神門義久著『日本の農と食』ＮＴＴ出版　２００６年
小塚善文著『食の変化と食品メーカーの成長』農林統計協会　１９９９年
西東秋男編『平成食文化年表』筑波書房　２０１２年
新谷尚紀、関沢まゆみ編『民俗小事典　食』吉川弘文館　２０１３年
ジェームス・シンプソン著、山田優監訳『これでいいのか　日本の食料』家の光協会　２００２年
末松宏行著『食料自給率の「なぜ？」』扶桑社新書　扶桑社　２００８年
田村真八郎、石毛直道編『国際化時代の食』ドメス出版　１９９４年
田村真八郎、石毛直道編『日本の食・１００年〝たべる〟』ドメス出版　１９９８年
中村靖彦著『食の世界にいま何が起きているか』岩波新書　岩波書店　２００２年
日本生活学会編『食の１００年』ドメス出版　２００１年
橋本直樹著『見直せ　日本の食料環境』養賢堂　２００４年
橋本直樹著『日本人の食育』技報堂出版　２００６年
橋本直樹著『食品不安　安全と安心の境界』生活人新書　日本放送出版協会　２００７年
橋本直樹著『大人の食育百話』筑波書房　２０１１年
橋本直樹著『食卓の日本史』勉誠出版　２０１５年

畑中三応子著『ファッションフード、あります』紀伊国屋書店　2012年
服部幸應著『食育のすすめ』マガジンハウス　2004年
原　剛著『農から環境を考える』集英社新書　集英社　2001年
フェリペ・アルメスト著、小田切勝子訳『食べる人類史』ハヤカワ・ノンフィクション文庫　早川書房　2010年
マイケル・ポーラン著、野中香方子訳『人間は料理をする』NTT出版　2014年
村上直久著『世界は食の安全を守れるか』平凡社新書　平凡社　2004年
山本博史著『現代食べもの事情』岩波新書　岩波書店　1995年
リチャード・ランガム著、依田卓巳訳『火の賜物』NTT出版　2013年

社会学・経済学

赤堀芳和著『共生の〝くに〟を目指して』講談社エディトリアル　2015年
朝日新聞取材班編『平成家族』朝日新聞出版　2019年
稲葉振一郎著『社会学入門』NHKブックス　日本放送出版協会　2009年
井上智洋著『人工知能と経済』文春新書　文藝春秋社　2016年
岩村暢子著『普通の家族がいちばん怖い』新潮文庫　新潮社　2010年
エイミー・グプティルら著、伊藤茂訳『食の社会学』NTT出版　2016年
NHK放送文化研究所編『現代日本人の意識構造　第8版』NHK出版　2015年
円地文子著『食卓のない家』新潮文庫　新潮社　1982年
岡田友道著『食を取り巻く環境』学会出版センター　1996年
表　真美著『食卓と家族』世界思想社　2010年
加藤秀俊著『食の社会学』文藝春秋社　1978年
片山杜秀、佐藤優著『平成史』小学館　2018年
神野直彦、井出英策編『分かち合い社会の構想』岩波書店　2017年

河合利光編著『比較食文化論』建帛社　２０００年
河合雅司著『未来の年表』講談社現代新書　講談社　２０１７年
河上睦子著『いま、なぜ食の思想か』社会評論社　２０１５年
川島利雄、渡辺基著『食料経済』培風館　１９９７年
共同通信社編『私たちが生きた平成』岩波書店　２０１９年
品田知美編『平成の家族と食』晶文社　２０１５年
田口重明著『食の周辺　食文化論へのいざない』建帛社　１９８２年
筒井淳也、前田泰樹著『社会学入門』有斐閣　２０１７年
時子山ひろみ、荏開津典生著『フードシステムの経済学』医歯薬出版　２００５年
豊川裕之編『食の思想と行動』味の素食の文化センター　１９９９年
ルース・ドフリース著、小川敏子訳『食料と人類』日本経済新聞出版　２０１６年
日本フードスペシャリスト協会編『食品の消費と流通』建帛社　２００３年
橋本直樹著『食べることをどう考えるのか』筑波書房　２０１８年
ユヴァル・ハラリ著、柴田裕之訳『サピエンス全史』河出書房新社　２０１６年
半藤利一著『昭和史　戦後篇』平凡社ライブラリー　平凡社　２００９年
桧垣立哉著『食べることの哲学』世界思想社　２０１８年
ジェフリー・ピルチャー著、伊藤茂訳『食の５００年史』ＮＴＴ出版　２０１１年
エヴァン・フレイザー、アンドリュー・リマス著、藤井美佐子訳『食糧の帝国』太田出版　２０１３年
伏木亨、山極寿一編著『いま「食べること」を問う』農山漁村文化協会　２００６年
丸谷才一、山崎正和著『20世紀を読む』中公文庫　中央公論新社　１９９９年
丸山俊一編著『欲望の資本主義』東洋経済新報社　２０１７年
丸山俊一編『マルクス・ガブリエル　欲望の時代を哲学する』ＮＨＫ出版新書　ＮＨＫ出版　２０１８年
見田宗介著『現代社会の理論』岩波新書　岩波書店　１９９６年

見田宗介著『社会学入門』岩波新書　岩波書店　２００６年
見田宗介著『現代社会はどこに向かうか』岩波新書　岩波書店　２０１８年
水野和夫著『資本主義の終焉と歴史の危機』集英社新書　集英社　２０１４年
村瀬学著『食べる思想』洋泉社　２０１０年
森枝卓士、南直人編『新・食文化入門』弘文堂　２００４年
安本教伝編『食の倫理を問う』昭和堂　２０００年
山極寿一著『人類進化論　霊長類学からの展開』裳華房　２００８年
山極寿一著『家族進化論』東京大学出版会　２０１２年
山崎正和著『柔らかい個人主義の誕生』中公文庫　中央公論新社　１９８７年
山崎正和著『社交する人間、ホモ・ソシアビリス』中公文庫　中央公論新社　２００６年
吉田泰治、田島真編『食料経済』講談社サイエンティフィク　講談社　１９９９年
ポール・ロバーツ著、神保哲生訳『食の終焉』ダイヤモンド社　２０１２年
鷲田清一編著『食は病んでいるか』ウエッジ　２００３年

使用した統計資料

農林水産省編　食料需給表　農林統計協会
厚生労働省編　国民健康・栄養の現状　第一出版
農林水産省編　食料・農業・農村白書　日経印刷
矢野恒太記念会編　世界国勢図会　矢野恒太記念会
矢野恒太記念会編　日本国勢図会　矢野恒太記念会
矢野恒太記念会編　数字で見る日本の１００年　第６版　矢野恒太記念会
二宮書店編集部編　データブック　オブ・ザ・ワールド　２０１９年版　二宮書店

著者略歴

橋本 直樹（はしもと なおき）
京都大学農学部農芸化学科卒業　農学博士　技術士（経営工学）
キリンビール㈱開発科学研究所長、ビール工場長を歴任して
常務取締役で退任　㈱紀文食品顧問
帝京平成大学教授（栄養学、食文化学）
現在　食の社会学研究会代表

主な著書
『食の健康科学』（第一出版）、『見直せ　日本の食料環境』（養賢堂）
『日本人の食育』（技報堂）、『食品不安』（NHK出版、生活人新書）、
『ビール　イノベーション』（朝日新聞出版、朝日新書）、『大人の
食育百話』（筑波書房）、『日本食の伝統文化とは何か』（雄山閣）、
『食卓の日本史』（勉誠出版）、『食べることをどう考えるのか』（筑
波書房）など

飽食と崩食の社会学
豊かな社会に迫る農と食の危機

2020年3月5日　第1版第1刷発行

著　者　橋本 直樹
発行者　鶴見 治彦
発行所　筑波書房
東京都新宿区神楽坂２－19 銀鈴会館
〒162－0825
電話03（3267）8599
郵便振替00150－3－39715
http://www.tsukuba-shobo.co.jp
定価はカバーに表示してあります

印刷／製本　中央精版印刷株式会社

ISBN978-4-8119-0567-9　C0061